那一年，我在劍橋揭下佛地魔的面具

許復
HARRY HSU

目次 Contents

圖片作者：Mark Williamson
圖片來源：goo.gl/3QWxV6

各界好評推薦

一個臺灣的哈利波特，闖蕩於走過八百年歷史且仍然不斷在撼動世界的魔法學校——劍橋大學。許復深入淺出的文筆，充滿觀點與智慧，不只描述了他所經歷的劍橋及英倫，更傳遞了處在變動的年代，不論什麼樣的角色都不能沒有的全球思維。

這是本對當代華人年輕人都有幫助的好書，從歷史寫到今日你我周遭，從一流學府八百年歷史氛圍滋養出的學人態度，寫到綜觀國際的格局。我推薦你透過許復的視角，從劍橋走向世界！

——李開復（創新工場首席執行官）

李開復

派駐德國多年，曾為無數國內訪團導覽及介紹德國國會，獲得最有感的回應應是許復筆下的「德國國會天花板上四艘船，與紅樓夢」。

許復長年經營東西方「連結」、歐洲與臺灣「連結」及兩岸三地「連結」。是的，臺灣當前最需要的就是「連結」，而且是如許復所為—建設性的「連結」，讓社會永遠有活水引入，讓年輕一代看得清並掌握得住外面的世界。

「那一年，我在劍橋揭下佛地魔的面具」正具備這樣「連結」的亮點！

——谷瑞生（臺灣駐德國公使）

谷瑞生

臺灣不缺高等教育人才，缺的是能整合跨國資源的國際人才；臺灣也不缺好公司、好產品，缺的是能把故事說好的人才。

許復留學英倫，走的是媒體路，兩岸三地頻繁奔走多年，累積了好多視野與故事。在大中華區產業板塊急遽位移的時代，充滿危機亦處處是契機，誰能早一點掌握訊息作出應變，誰就能在這場博弈中勝出。

許復的國際整合力及作為一個媒體菁英的細膩觀察力，此時正是經世致用的最佳時機！「復」字別有深意，地雷「復」卦代表著巨變後的世局正有一股陽能在滋長，此其時也，期待許復以此書之正能量，展開新局！

——徐竹先（臺灣工研院資深顧問、TXA創新加速器總經理）

熟識的好友們都知道，Harry是個天生的外交人才，不僅是他容易結善緣，他亦善於資源整合，讓他身邊的朋友之間總能不斷發生多贏局面的化學變化。這一點，在他念完劍橋學位後又表現得尤其明顯。

從臺港出發、面向中國與亞太，再加上洞見全球的視野，Harry的努力讓他今日能夠透過自身影響力為社會帶來改變，包括他的最新著作，所描所述從被形容為站在巨人肩膀上的劍橋大學出發，其實更在中國崛起的當刻，為華人年輕人提供一個在多方挑戰、多重契機中的省思機會。

——倪孟正（香港城市大學建築學及土木工程學系助理教授）

倪孟正

印象中的Harry，總保有當年那個拿著麥克風、跟著攝影機在颱風天裡連線的樣子，逆來順受，又帶點固執與任性，什麼都不怕。

一轉眼，他已經成為兩岸三地主播，之後又在實業領域繼續迎向不同階段的挑戰。我很高興一個受過臺灣高壓新聞訓練的媒體人，能夠走向世界舞台，整合他的多方才華，影響更多的新一代。

如果你已經沒有機會透過螢幕上的他帶你走向世界，那麼，就從他更精采的最新著作開始吧！

——梁天俠（中國電視公司副總經理）

我本人職業生涯中遇到過不少經受過劍橋、牛津、哈佛這些名校洗禮的優秀媒體才俊，他們所帶來的影響力有目共睹，但在當今資訊革命日新月異、產業板塊秒秒位移的當下，一種源於知識、卻不受限於知識的態度，卻不是名校風範四字能等量齊觀的。

我與來自世界很多國家和地區的優秀主播和記者共事過，Harry尤其令人印象深刻。從主播台到採訪第一線的他，犀利明快卻不失溫度；擔任製作人、推動團隊完成一個又一個節目製播的他，創意源源不絕，又加上那麼點討人喜歡又無可奈何的擇善固執，依稀還在昨天。

此刻更高興聽到他而不失初衷，帶著媒體人基因，秉承著用品質內容改變大環境的使命，向華語社會推出他的新作。請你與我一起隨著他的腳步，一探這座八百年的知識學城吧！

——黃天波（CNN全球總部前編輯協調人）

Harry是我所有的年輕的朋友中，少見的國際人才。他的國際能力不僅僅表現在語言上。更是表現於他的思維和格局裡。

這次Harry分享在英國的經驗，除了給年輕一代的後輩，能夠一窺在國外求學的故事外，更多的是在心境上的體會。包括自我的挑戰、自身的定位，以及對未來的期許。我很樂意為文，推薦給大家。

——黄冠華（旭榮集團執行董事、兩岸創業社群WorkFace召集人）

我和Harry的共通點，除了都是劍橋校友之外，又都有電視主持人背景，在不斷旅行、採訪的過程中，能夠有機會可以直觀地感受世界的變化。世界各個角落的距離正在縮短，但地球終究不是平的。Harry的生動文筆，正搭建了一道從歷史出發、銜接到現代世界人與人之間的文化橋樑。

劍橋的求學歲月讓人難忘，除了知識的積累，更包括一種觀看知識本身的角度，以及終始不渝的自我挑戰。我很感動於Harry書中的比喻，他在知識長河中撐篙漂流，尋求挑戰、戰勝挑戰，最終發現最需要征服的卻是最近也最遠的內心。

——傅曉田（鳳凰衛視主持人）

劍橋大學31座學院的鐘聲各有其調，但你鳴我響之間的氛圍，卻是分享共榮，而非交相競逐。作為Harry的師長，我多次鼓勵他運用媒體人的資源與優勢，把他在世界舞台所見到的精彩風景，傳達到不同的角落。

Harry是走在時代尖端的傳媒與企業人才，由他的視角展現800年古老學府的點滴風華，宜古宜今，在這個轉動迅速的時代，不僅傳達了尊重歷史的重要性，也為當代青年人的心胸，帶來更多放眼國際的啟示。

——劉幼琍（國立政治大學研發長）

推薦序

當英國成為生涯發展新趨勢

王尚智

一個人的生涯，究竟要歷經多少迷惘與抉擇，才能來到真正適合自己「人劍合一」的領域？這是我和許復經常聊天探討的問題。

從英國名校出發，許復甚至學得了（或者他個性裡原本就有）如英國人的那股「拗勁」。這也成為他在媒體工作中拼搏堅持的最大動能。

但我身為在兩岸三地媒體浸淫或者漂泊了大半輩子的電視前輩，十分迥異的是，我始終反對他在電視媒體領域長期繼續下去！

如今的電子媒體環境的變遷競爭迅速，趨勢卻反而來到了完全不需要思考深度、不需要博學多聞，幾乎就是任何人「一張臉一開口」彷佛往豬肉攤上一擺，只看賣相與收視！

而許復自己的「生涯追尋」相對來說其實更廣更深。

無論對於國際視野或趨勢文化變遷的好奇與探索，已經不是媒體螢幕上那些狀似外表灼然但內心濁然的時光，可以覆蓋取代。

我曾幾度「預言」並祝福許復，輾轉最終來到某一個真正適合他生涯發揮的某種「趨勢的、國際的、跨文化科技的」新舞台。我也衷心認為，那裡將會有屬於他獨有的養分能量，並且帶著媒體思路與英國劍橋獨特教育所交織打造的獨特視角，展開新的探索與創造！

我很欣慰許復為他自己的生涯，同時也為我的預言，驗證了某一個真正來到「人劍合一」的契機。

翻讀許復的這本書，其實不只介紹了包括劍橋、牛津等英國名校與教育環境的特色。

更重要的是這本書的現實背景，恰好也指出了眼前屬於年輕新世代的所有人，生涯最初的競爭與迷惘已經如此提前！已經越來越無法避開究竟應該「從哪裡開始、到何處學習」的抉擇！

當臺灣教育環境中包括碩、博士的學程價值，愈發遭受能力質疑與價值稀釋的挑戰時，無論想在學歷或者專業上更跨一步、更上一層的年輕人與他們的父母，自然面臨思考歐美亞洲或中國大陸的不同選項。

許復以他自己的生涯至今，驗證了一種「組合」狀態的極限與可能。在這當中不得不說，來自英國教育環境的薰習及求學過程累積的人脈，讓他獲得了非常異於他人的更多機會與可能。

特別是若從今後以中國大陸所牽引的國際動線上，2015年秋天「習近平訪問英國」，這在國際間被視為歐亞全面開展一場今後全新趨勢的新里程碑！

有志於天涯探索並實踐挑戰的年輕世代，不能不額外慎重關注，屬於英國教育的相關選項。

而許復藉由這本書，再一次證明了屬於他自己獨有的敏銳視角！書中同樣有他敏銳的觀察紀錄，相信能夠成為需要者的指引與索引。

王尚智（兩岸時事評論員、媒體觀察家）

推薦序

跟著他走一回劍橋

江靜玲

2011年2月，許復在劍橋指揮劍橋大學華人交響樂團年度公演。

這是我們第一次接觸。當時，三個面向，吸引我的注意：第一，新聞的角度，他是該樂團成立以來第一位來自臺灣的指揮；第二，我個人對音樂的愛好；第三，他們以《臺灣追想曲》開場，喚起了我內心深處對自己成長那片土地的悲情與驕傲。

許復這本書，吸引我的不是那些源自《哈利波特》的佛地魔、魔法世界或分類帽，而是他巧妙地把自己在劍橋求學與生活的經驗，融合到劍橋大學的人文與歷史，包括劍橋和「那一邊」（the other place）牛津大學間的瑜亮情結。全書讀來輕省，卻不失深刻。

書中最後，作者發現在劍橋這座大魔法世界中的佛地魔其實正是自己，讓人大大鬆了口氣，因為這表示，經過歷練與體悟，他終於進入了劍橋之門。在我看來，門裡門外，那一線之隔，真正在於此。

派駐英國以來，看過許多背景和文化迴異的孩子進入牛劍這兩所世界頂尖學府，家人和朋友中也有與這兩所學府有承襲淵源者，讓我有機會觀察在不同年代進入劍橋和牛津這兩所學府求學的世代，以及他們步出校園後的人生。

而在英國國會不同黨派議員中，我也親眼目睹這些政治立場對立的知識精英，儘管在國會殿堂滔滔激辯，私下卻多能保持謙謙君子之誼，而這股互尊互重的共識，多半回歸到這些人當年在劍橋或牛津大學校園中的共同記憶。

閱讀許復的《那一年，我在劍橋揭下了佛地魔的面具》，隨著他的文字，進入他在劍橋求學的生活點滴，也勾起第一次到劍橋三一學院訪問當時的院長——諾貝爾經濟獎得主沈恩時，遇到一批華人面孔學生，忙著協助同學搬家，臨時搭架的拖板上除了寢具、行李，還有二胡和大提琴的記憶。那情景，令人啞然失笑，但也覺得充滿熱力和希望。

許復筆下的劍橋，話古道今，在時空交錯中，我們同時看到他在其間的省思和成長，劍橋的景物建築和歷史因此也更鮮活。跟著他，你可以認識一些不太一樣的劍橋！

江靜玲（中國時報駐英國特派員）

推薦序

學貫中西，自強不息

何再生

不論是穿梭在魔幻與寫實之間，還是交錯在歷史與未來當中，我們看到一位臺灣當代年輕人展現了一種衝破大環境限制、在有限資源中綻放光采的典範。

在我衆多的好友中，Harry可被歸類於那種既會讀書又會玩樂的類型，猶如他這個人常帶給朋友一種看似傻勁，其實充滿智慧的感覺。當他拿著指揮棒，指揮劍橋大學華人交響樂團登上國際媒體版面的那一剎那，我們可以感受到鎂光燈下的樂音，一句句地唱出當代年輕人跨出藩籬、參與世界的重要性。

Harry從大學念中文系，接著分別在傳播媒體與科技政策兩個領域念完碩士，再加上他本身在文學、音樂領域的才華，透過這本書，我們看到他如何將跨領域、跨文化的才識拋向他所關心的中華民族。我很高興這本書的問世，為當代華人青年多開了一扇觀看世界的窗口。

TLI作為世界上第一個創立的漢語教學機構，自1956年創立迄今在全球培育了超過30萬名校友，對於宣揚中華文化不遺餘力。我始終認為，能夠展現力量的，並不只是語言或文化本身的層次，而是當它們能交會融合發揮影響力、解決全人類所面臨的重大問題、改變世界的分秒瞬間。不論是Harry在劍橋大學音樂廳指揮《黃河協奏曲》，或是在課堂上滔滔不決地高談亞洲政經局勢，甚至帶三兩好友來康河邊看看刻有中國詩人徐志摩詩句的碑文，以及作為一所世界最古老學院之一的劍橋大學，都體現了相同的價值。

將中華文化的底蘊與世界連結，以前者為體、後者為用，與時俱進、去蕪存菁。我衷心祝福我的好友Harry，帶著這一本《那一年，我在劍橋揭下佛地魔的面具》，以及他的使命，持續航行。

何再生（TLI集團CEO）

推薦序

一雙童真的眼睛

吳恨民

我與許復相識得早。那年大一，剛開學，我被領到活動中心地下室的琴房，一個朋友向我介紹正背對我們、坐在鋼琴前飛舞著雙手練習的男孩，他說，「這也是鋼琴社的社員，中文系的，許復。」男孩聞聲遂住了手，回頭微笑，和我們打了個招呼。

那便是我和他第一次見面。

許復是很難不令人印象深刻的。他面容深邃俊朗，眼睛烏沉卻星亮，口齒伶俐，但全身上下有股溫柔的傻氣，若要指認成誰，總讓人聯想到《未央歌》裡的小童（男主角童孝賢）。

我因為勤跑鋼琴社與國樂社，剛巧都是許復參加的社團，自然而然地，他就成了和我最熟的外系同學。不過人生很奇妙，我倆遇合像似兩個相會的圓圈，他畢業，我繼續在成大完成醫學訓練，幾年裡我仍停留原地不動，他早已出去闖蕩了一番。接下來時光倏忽一瞬，我們靠臉書又聯絡上、補了白，竟然轉眼也就來到如今的年歲了。

工作一陣後再到劍橋去讀書，正是許復令人意外的一步。《那一年，我在劍橋揭下佛地魔的面具》這本留英散記，從雙關詼諧的命名便可見許復亦古典亦現代的特質。許復筆法生動，從初抵英倫那夜寫起，眼光好奇，四處流轉，他記下劍橋校史、校園風光、英國特殊的學院制度、激烈的划船賽、以及詩人徐志摩曾到訪的蘋果園午茶茶莊。除了地景人文，身為劍橋學生的許復，還見到這些傑出同儕們生活化的一面——劍橋學生不僅素質優異，玩樂更卯足全力——他們可以為了舉辦「威尼斯之夜」主題舞會，以一週時間在草地上打造出一方人工湖、引入康河水；也可以就一座大學的規模，便支撐容納不同層級至少數十個交響樂團的存在。

這些趣事，許復以幾個章節安排得錯落有致，讓人彷彿真的隨他到劍橋去了一遭，頗有入大觀園般看不足的驚喜喟嘆。而我最喜歡的，是他寫劍橋的鬼。什麼，劍橋有鬼？那當然，劍橋有八百年歷史，積累過多少怨念，學院裡不鬼影幢幢也難，許復撞鬼的遭遇，第一手讀來才刺激精采，這樣，想知道鬼故事的讀者，就請親自往後翻一翻了。

讀完《那一年，我在劍橋揭下佛地魔的面具》，我的印象，竟直接連結到一個記憶中的畫面。是我們還很年少的時候，二十出頭，五月裡一個美好祥和的週日下午。那天，學校剛剛辦完文學獎評審會，許復的短篇小說作品《豆黃兒再見》在小說家駱以軍「天哪，這學校還藏著多少天才」的盛讚之中，摘下了一個獎，贏得了五千元獎金。五千元，對那年紀的孩子來說，是一筆足以被拱出來請客的鉅款了，我由衷替他高興著。散會後的傍晚，我途經校門口，不意瞥見許復施施騎著腳踏車愜意而過。他雙手放車把上，嘴裡叼根吸管，吸管釣著一個想必已吸空的飲料鋁箔包，眼睛望向遠方，面帶笑意地騎過了。他並沒看見我，我也沒有喚他，只是，至今我想起他那無憂無慮的樣子，都還非常懷念。

——那對暮光中晶亮的眼睛啊，希望，它們一直都能用最童真的角度，帶他去看他的世界。

吳妮民（醫師、作家）

推薦序

一條探索、成長而終歸回到省思的道路

徐言

在師大兼課的最後一年，還沒開學我就接到一位新生的mail。隔幾天，我讓這個孩子來到我辦公室，斯文有禮，講起話來不卑不亢，還沒出國念書的他，已經滔滔不絕地開始和我討論國際政治情勢、世界經濟變化。我向來一年只收一位論文指導研究生，就這樣，Harry成了我師門裡的最後一位關門弟子。

那年我應邀到印尼擔任力寶第一媒體集團任首席執行官，他的幾位師兄姊已經整裝待發，這孩子似乎無動於衷，我暗示他有空學學印尼話，他笑著回說，自己有個新計畫，等確定了想法是對的會立刻向我報告。果不其然，我到雅加達沒多久後，他打了長途電話來請我寫申請英國學校的推薦信，又過了幾個月的一個凌晨，一個簡訊鈴聲把我鬧醒，他被劍橋大學錄取了。

我並不感到意外。我所帶過的學生和晚輩裡，凡是有機會進入一流名校的，都擁有幾個共同特質。首先，他們非常聰明，不會死讀書；第二，廣泛學習，課堂外的生活個個精彩；第三，他們的整合能力很好，能夠處理龐大資訊，也能以清晰口條展現；最後，他們始終都能保持謙虛態度，不斷學習。這幾個點，在他身上都十足地展現。

近幾年，一路看他從最前線的新聞記者，到掌管新聞部門團隊，坐上主播台、擔任節目製作人，他的收視觀眾也從臺灣、港澳到全中國，近年又毅然決然放棄人人欽羨的螢光幕光環，回歸我認為他該好好耕耘的實業領域，我始終覺得Harry未將自己在劍橋的所學所悟透過他的媒體人特質影響更多年輕人，著實可惜，直至此書出版。

劍橋，這座乘載八百年歷史、引領當代科學與經濟發展，乃至國際政壇脈動的大學城，展現的是著人文與科學交織的多元力道。這其實就是我所認識的Harry，文人的氣度、科技人的節奏，再加上媒體人的明快與探險家的膽識。他在本書中帶出的，不只是深入淺出的英國歷史掌故，更是一個身處劇烈變動時代的八十後年輕人，對生命的探索歷程，以及對責任的深度省思。

現在，就請你與我一起乘上由Harry親自掌篙的船隻，順著康河的水流，一起航向劍橋的故事吧！

徐言（東森集團國際戰略發展中心執行長）

推薦序

把最美好的青春獻給劍橋

Dominic

非常高興和榮幸可以為許復的書寫序，我特別喜歡拜讀同樣熱愛母校的校友著作。

劍橋大學是一個令人迷戀的地方，我有幸在此處學習了八載，本來打算一直住在這裡，不願離開，最後無奈帶著依依不捨的心情跟她告別。她為我帶來了無數的美好回憶，當中有笑有淚，總是喜多於悲。她又讓我結識了許多良師益友，不單是在劍橋的日子，離開後通過校友活動廣交不同年代的校友，許復就是這樣在香港認識的。

我常常回到母校重遊舊地，江山依舊，人面全非，百般感覺湧心頭，不境我最美好的青春也都獻給劍橋了。我依然主動認識年輕的校友們，不同世代的校友，感覺仍舊熱情親切。

大家可能聽過一些關於劍橋大學對世界的學術貢獻，又或是她培育出多少舉足輕重的人物，然而我更希望人們去認識她的美麗，優美的環境、充滿傳統意義的承傳、宏偉恆久的建築、學院制度的生活氣氛等等。這些都必須在劍橋居住一段日子去體驗，在走訪劍橋之前，大家也可以從許復這本書去感受一下他的經歷。（本文作者著有《八載劍橋》一書）

陳志邦（劍橋大學校友會顧問委員會委員、
香港中文大學客座助理教授暨創業研究中心項目總監）

推薦序

孤撐一枝長篙於波心，點擊一板鍵盤於海外

陶傑

中華民國的知識分子留學英國劍橋，回國已有心影記錄流傳後世者，似乎只徐志摩是一人。然而徐志摩筆下的劍橋，雖然情動近一世紀，畢竟只是過客，是路經劍橋的旁聽生，在綠蔭碧波之間得道。

徐志摩在劍橋的時候，尚與在遠方的林徽音精神熱戀，卻已洞窺一瞬，天心月圓。但在七十年後，卻另有一位民國青年許復，走進八百年前的廊柱殿閣，融於劍橋的精魄心魂，為我們介紹此一古老學府為何青春不朽。

許復不止修讀學位，還參與了劍橋的人文生活，顧盼古今之頃，擷取中西之奧。從臺北到劍橋，天遙路闊，在網絡的光擊之瞬，筆墨的毫揮之間，許復記下了海外留學在世紀輪轉的流光，知識之外，尚有洞見；學養之慧，經驗之談，理想和現實並融，知性與感性兼豐，英倫品格，臺灣心思。

此許不同彼徐，因為世界變了，世道迴異，然而對真善美的尋夢，無論孤撐一枝長篙於波心，還是點擊一板鍵盤於海外，跨世紀都是一樣的。許復其人儒雅，其文清俊，他從稿紙躍登網絡，澤披衆界，才擴多維，定必向這個新世代交出新異的篇章。

陶傑（英國、香港傳媒人及作家）

推薦序

以一竿長篙 撐向自己的未來

劉正威

許復是個很讓我羨慕的年輕人。他多采多姿的劍橋和英國經歷讓我忘塵而莫及。雖然在劍橋大學商學系當了四年博士生，再加上兩年的牛津大學耶穌學院青年院士，我的生活就像許復描述的許多商學系學生，開學沒幾週後就從社交生活中消失了。更慘的是，我還是博士班研究生。許復書中記載的很多精彩盛事如牛劍期末舞會，我也只有親身體驗過一次。讀著許復的書，勾起了很多我在劍橋與牛津的回憶。讓現在已經是副教授，半個中年老頭的我驚覺自己是不是錯過了什麼......

第一次見到許復是在2009年的暑假，劍橋臺灣校友會為新入學同學赴英前辦的迎新說明會上。他的自我介紹讓我印象相當深刻：他大概是現場唯一一個連申請書都還沒寄去劍橋的人。但他的特質馬上就感染了我。他對自己的未來有無限的熱情和想像。更重要的，他做足了功課，問的問題切中申請國外名校的核心，讓人覺得一定要好好幫幫這個有璀璨未來的年輕人。果然不久就收到他申請上劍橋大學商學系的好消息！

這本書記錄許復在劍橋這幾年的成長與經歷，但我認為書中沒有特別著墨於「如何進入劍橋」一事本身，也同樣值得年輕讀者參考。我不時會收到一些來信，詢問如何才能申請上劍橋大學。這樣的問題真叫人不知如何回答起，也只能學英國人裝作沒看到不回信。許復是一個自助人助的好例子。自己要做足功課，問到重點而非那些網路上就找得到答案的問題。尊重別人的時間，別人才會尊重你。享受許復奔放文筆時，也別忘了此書成書背後數年的功夫與努力。

劉正威（英國華威大學策略與行為科學副教授）

推薦序

知性與感性的康橋之旅

劉辰岫

Harry在2011年時從劍橋大學畢業，而我是在2002年從倫敦帝國學院畢業，雖然無緣在英國相遇，回到臺灣後卻因為合辦了2015年英國名校聯合晚宴Viva Britannia而結識，一見如故。

有些人容易結善緣，Harry絕對是這樣的人，他用最真誠的心去對待周遭的每一件人事物，也因為這樣，從他的角度看出來的英國和劍橋，永遠保留著赤子一般的好奇心與感受力。

Harry有著一般人所沒有的特質，個性中帶有學者般的知性和詩人般的感性，這也充分地在這本書中顯露出來，像是他對於劍橋這個城鎮中，建築和民情風俗的考究，以及成為劍橋大學華人交響樂團指揮的故事，以《黃河》這首鋼琴協奏曲串聯了他的兒時過去和現今，可見音樂對他人生的影響深遠，甚至提及最後在失去祖母的經歷中，也是透過音樂使親情跨過了時空，填補了部分思念和遺憾。其他當下未填補的部分，我相信他也藉由創作這本書的過程中慢慢填補了。

這本書對於在劍橋求學有憧憬或興趣的年輕學子們，除了認識當地民情和學風之外，也是一本很有趣的小品，Harry用現代年輕人的語彙來介紹劍橋求學生涯的點點滴滴，雖說徐志摩的《再別康橋》是本經典，但是就讓《再別康橋》留在上個世紀，而21世紀我們則有這本Harry所寫的《那一年，我在劍橋揭下佛地魔的面具》。

劉辰岫（國立交通大學應用藝術研究所兼任助理教授、
人嶼科技藝術國際有限公司創辦人暨總監）

自序

掬起一瓢康河水

許復

康河水是沁涼的，卻又始終不曾失溫。

即使是在冬雪初融的清晨，破曉的溫煦已經把冰封的河面劃破，閒坐在水畔，把雙腳伸進河水裡，冰徹透骨，卻仍然可以感覺到那股八百年來流竄在河中、水邊，乃至空氣裡的一絲絲暖流，一呼一吸之間，竄及周身，讓我隨著這條蜿蜒優雅的康河，一起注入悠遠的歷史長流，一路飄呀飄的，晃過21世紀，再繼續航向一樣保持著恆溫的未知。

相較詩人徐志摩為的是追隨羅素的腳步，慷慨激昂地來到劍橋大學，我的層次就一般多了，除了拿到學位外，大概也就是那股喜愛漂泊、鍾於玩樂的浪子心成分在作祟。意想不到的是，許多在這段時期澆釀過的種子，卻是在我離開劍橋之後才漸漸開始萌芽發酵，一個個近來總在夜闌人靜裡從心頭悄悄升起的悸動，也往往讓人驚覺，只飲一瓢康河水，伴隨而來的影響卻能形影不離地跟著自己一輩子，甩都甩不掉。

如果非得給劍橋一樣個性，我會說她是兼容並蓄的。雖然在這裡可以有幸結識來自世界各地的優秀菁英們，或許不時會在身旁的某個角隅嗅到驕矜的味道，但是存在於每一處風景間的溫度卻是協調而平衡的。漫步在百花競妍的劍橋學城，穿梭在一道道不同學院的大門間，不難感受到「分享」的氛圍多於「展現」，尤以每到向晚，各學院的禮拜堂不約而同響起了各自的鐘聲，叮叮噹噹，雖然各唱各的調，合奏出的平衡旋律卻格外讓人覺得舒適暢快，夜晚入夢前，還總在那條從每個人心底悠悠流過的康河邊迴響著。

在這樣的情境中，不論課堂內外，每分每秒的進步似乎是必然的，但是對我來說，更可貴的部分，興許是從清澈見底的康河水中看到了自己更清晰的經緯度，繼而在一次次的挫折和反省中，發現了成長的契機。這恐怕也得歸功於我的一位摯友，我初到劍橋那夜就在康河邊與他結識——這位兄弟的名字叫做「佛地魔」，在魔法世界裡並不是個討人喜愛的角色，但我在劍橋學到的所有知識，事實上，都遠不比他所教導我的事情來得珍貴。

既是魔王，當然不輕易以真面目示人，不過，我卻在最終揭下了他的面具。此刻，就請你與我一起登上小船，我們便恣意隨風而行吧！就讓我掬起一瓢康河水，與你以此代茶，話艷陽、聊星光，順便帶你去看看那個我揭下佛地魔面具的地方。

許復

照片提供／洪承宇

第一章

與佛地魔的初次夜會

走出劍橋市中心的巴士站，必須穿過這片常讓人走到忘記方向的派克草原（Parker's Piece），才算真正進入劍橋大學的學院建築群。照片提供／Jingting Xiang

Chapter 1
My First Encounter With Voldemort

凌晨一點半，在英國倫敦希斯洛機場（London Heathrow Airport）出境大廳裡，從世界各地飛來的魔法師和麻瓜們，拎著大大小小的行李箱，上演著各自生命裡流浪的劇碼，包括此刻的我，期待、徬徨，還有將近24小時飛行的疲憊，全部塞滿了一大箱行李。

雖然已經拿到了那一所出過最多諾貝爾獎得主的魔法學校入學許可，但在正式報到前，我還是和這個世界上所有的「麻瓜」（在暢銷小說《哈利波特》（*Harry Potter*）中，麻瓜（Muggle）指相對於巫師而言，不會魔法的凡人）一樣，就連最基本的時空轉移術都不會，因此，一切只能按照麻瓜世界的規則來，乖乖地找尋巴士站的方向。否則，我還真想唸串咒語，便飛越55英哩外，把自己送到學院的宿舍去。

咦？去魔法世界，傳說不都是搭火車去嗎？當然，搭火車真的比較好。根據前輩巫師們的提醒，如果從倫敦國王十字車站（King's Cross Railway Station）的九又四分之三月台搭乘火車直通魔法世界，一路上的郊野風光絕對美麗無比。但是，一來，此刻是半夜，車窗外什麼都看不見；二來，一身大大小小的家當，實在無法讓我在通道上下交錯、左右縱橫，且方向毫無規則、猶如迷宮般的倫敦各火車站、地鐵站裡行動自如；三來，這個時間也只有巴士可以搭啦！因為從機場通往倫敦市中心國王十字車站的輕軌列車，要等到黎明破曉才會現身。如果我非得搭火車去劍橋，天亮後的國王十字站似乎是唯一的法子了，以鐵路來說，那裡是通往三大魔法世界的唯一入口，包括霍格華茲（Hogwarts）、劍橋（Cambridge）、牛津（Oxford）。

我可沒有辦法等到天亮才走。因為，在下飛機的當刻，我就已經收到學院宿舍守衛大叔發來的簡訊，表示他和我房間內的精靈鬼怪全都打好照面，我務必要在天亮前來到，才能趕得上這些另一個世界的好朋友們為我辦的歡迎派對。我被分配到的彼德學院（Peterhouse College），是劍橋大學31所學院中的最古老的一所，換言之，也是劍橋大學的創始學院，可想而知，古怪的好朋友們一定也是最多的了。為了早點和他們碰面，唯一的選擇，就是直接在機場搭乘麻瓜們最愛坐的巴士到劍橋了。

魔法世界的引路人
Welcome to the Magical World

下一班開往劍橋的「麻瓜快巴」（National Express）還有將近半個小時才啓程，我在售票口旁的點心舖點了一杯拿鐵，從背包裡掏出上飛機前買的小泡芙啃了起來。同班機的旅客大部分都散了去，子夜時分，靜謐得連自己的呼吸聲都顯得多餘，即使我已經盡量把咀嚼泡芙的聲響壓到最低，喀吱喀吱的，還是引起了一位落腮白鬍子老伯的注意。

「看起來很可口，」老伯結了帳，點起剛買的雪茄，走到我旁邊坐下，「這些泡芙是哪裡買的？」

「臺灣買的，」我其實有點無聊，想知道正在享受呑雲吐霧的他會怎麼在泡芙和雪茄之間做出抉擇，「你要不要吃一點？」或者，我可以看到他一面抽雪茄一面吃泡芙的滑稽模樣。

「不了，我正在抽這個。」他笑著指了指叼在嘴上的雪茄，是個老江湖無誤。

「你是臺灣人呀？我愛死了你們的夜市，去了一次，到現在都還記得蚵仔糕的味道。你來倫敦念書？」老江湖其實頗友善。

「是蚵仔煎啦。」我不容許故鄉小吃承受這種被改名的汙辱。

「呵呵，對對對，是蚵仔煎。你要去倫敦的哪一所大學？」

「我要搭兩點四十五那班巴士，去劍橋。」

「哇，我遇到一位劍橋大學的新生！你是哪座學院的？」他的眼神亮了起來，音量也放大了一些。

「彼德學院。」此刻的我，對劍橋大學特有的學院概念仍然模糊，而對自己被分配到的學院，大部分的想像也多半來自於那張學長傳給我的、手機存了大半年的學院大門照片，以備報到時迷路用。

「你好幸運，可以進入劍橋大學的創始學院！我曾經在皇后學院（Queens' College）當過一年的訪問學者，離你的學院走路只要五分鐘！」他顯得相當興奮，「我告訴你，我最喜歡大學活動中心旁邊的那座水閘，位置大約在彼德學院和皇后學院中間，那裡也許不是劍橋最美的地方，不過……」老伯語帶玄機，「那裡隱藏了一些祕密。」

我還來不及問怎麼從彼德學院走到水閘處，他的手機就響了起來，使得我們的對話被迫中斷。

接起手機的白鬍子老伯簡直變了一個人，並不只是他的英文變成了讓我聽得相當吃力的腔調，老伯原來和我說話時那副斯文學者貌，更瞬間變成了音調提高八度還穿插著因不斷大笑而不時破嗓的有趣模樣。

「我叫馬克，在愛丁堡大學（Univrsity of Edinburgh）工作，蘇格蘭人，剛剛是我內人，她快要到了，我得出去等她。」掛上手機，老伯的學者魂瞬間又回來了。蘇格蘭人？果然和我猜的一樣。

「小兄弟，我很替你開心，因為劍橋的英格蘭人一般不算是最囂張的，呵呵。好了，就此告別，好好享受你的劍橋生活，記得來愛丁堡找我玩。」他遞了一張名片給我，原來是位愛丁堡大學的教授。

「我叫哈利，我會寫郵件給你的。」此刻才猛然意識到，身為晚輩，竟然忘了在一開始時先主動自我介紹，可能有些失禮。

「很高興認識你，剛加入魔法世界的臺灣哈利，記得，一定要寫郵件給我！」他已經拎起背包走遠，不一會又回過頭來，「還有，幫我問候那座水閘！」馬克教授的熱情，確實在他告訴我來自蘇格蘭的那一刻印證了其合理性。至於他說的水閘處，到底隱藏了什麼祕密？腦子裡想像的水閘運轉聲嗡嗡響起，暫時蓋過了我的其他思緒。

第一次聽到他的名字

下了巴士，清晨五點不到，我在星光熠熠相伴下，花了好長時間總算一步步穿過了劍橋魔法世界和麻瓜世界的分界——派克草原（Parker's Piece），真正進入巫師們的時空，開始找尋彼德學院的所在。捧在手上的Google Map非常好用，從一道道在暗濛濛夜裡昏睡著的學院大門前經過，我很快就找到了那盞為我點著的燈。

「我的手快斷了，」我一面喝著守衛大叔拿給我的可樂，一面看著堆在一角自己大包、小包的行李說。

「每年一個個小傢伙，一到這兒的頭一句話不是抱怨手斷就是腳殘，誰叫你們現在還是麻瓜，呵呵。」大叔說，「我看到你的照片，就猜你是哈利波特遺失在中國的雙胞胎兄弟，難道不是嗎？把你的眼鏡換成他那種的，明天就去換，呵呵。」

「我的祖父母從中國移居到臺灣，我是在臺灣長大的。」我略糾正了他一下。

「好啦，臺灣小哈利，我叫查理，不過你覺得我是不是很像海格？」海格（Rubeus Hagrid）是哈利波特故事中，霍格華茲魔法學校裡一位個性憨厚的騎獸飼養課教授，身材超大，有著半巨人族的血統。查理看上去約莫五十來歲，又高又胖的身軀確實很像霍格華茲的海格，但是劍橋大學彼德學院的這位海格無疑是個狡獪無比的傢伙。

「我告訴你，你會跟我成為好朋友，並不是每座學院的管理員都像我這麼親切，會在三更半夜親自開著燈等你到來，比如那些穿紫色衣服的傢伙。」他指的恐怕是國王學院（King's College）或三一學院（Trinity College）之類的部分守衛，對於觀光客不時會刁難一番，即使是大學內其他學院的學生，也很少看過他們的好臉色。

「海格，耶，海格，」從那一刻開始，及至今日我已返回亞洲後的通信往來，我幾乎已經忘記了查理的全名，「你是英格蘭人、蘇格蘭人，還是愛爾蘭人？喔，還是威爾士？」老實說，頭一次見面，問這種牽涉層面甚廣的問題並不甚禮貌，但直覺告訴我此刻是個特例，海格會喜歡的。

「我是道地的英格蘭倫敦人，我告訴你喔，要理解蘇格蘭人的想法可不容易，愛爾蘭人的思考方式更難令人理解，你以後就會發現，呵呵。」

「你還沒說威爾士。」我開始覺得找他碴是件有趣的事情。

「你自己去一趟威爾士就知道了，祝你聽得懂他們說的笑話。」

「一定比你說的好笑。」

我和海格聊得挺投契，他年輕時當過警察，也混過幫派，現在在劍橋大

左上 彼德學院（Peterhouse College）是劍橋大學的創校學院，走過八百年歷史，口耳相傳的點滴傳說故事，也讓這裡成為31所學院中奇幻色彩最濃厚的學院。照片提供／Harry Hsu

右上 我被分配到的彼德學院，是劍橋流傳最多稀奇古怪故事的所在之一。照片提供／Harry Hsu

左下 在我踏上劍橋土地前，某種角度來說，愛丁堡白鬍子老伯已經預言了我與某座水閘，以及那位隱藏水閘內的好朋友之間的緣分。照片提供／Harry Hsu。

右下 與各自學院守衛的忘齡之交，是很多劍橋人難以忘卻的有趣回憶，圖為彼德學院守衛室。照片提供／Jessamine Lai

學工作兼養老，但在我看來，他目前的生活重心絕對是以調侃學生為樂。不過，我現在要先說水閘的事。

「海格，我想去皇后學院附近的那座水閘，大學活動中心也在旁邊，不是嗎？」這是我第一次正式對英國人使用那種他們習慣在句末加上的反詰語。

「你確定？現在那裡有很多鬼魂。」海格淡定地告訴我。

「我們的彼德學院有更多鬼魂？不是嗎？」彼德學院除了是劍橋大學三十一座學院中歷史最悠久的之外，也以豐富的鬼故事讓各學院望塵莫及，這部分我倒是做足功課。

「呵呵，當然，不過，在我的管理下，學院的鬼都乖得很，至於水閘那裡的鬼，可是完全不受控制的。」海格笑說。

「不管，我要去，請告訴我方向，從這裡過去明明很簡單，不對嗎？」

「小哈利，你很有趣，好吧，你從學院的大門口往左邊走，走到第一個十字路口停下來，就會有人告訴你。」

「誰？」這個海格實在太有意思了。

「佛，地，魔（Voldemort）。」海格用氣音緩緩地吐出了一個在魔法世界人人聞之喪膽的名字。

我想，我聽懂他的意思了。

康河的心臟

The Heart of River Cam

進入我的房間，還沒顧上和房裡的好兄弟們好好聊聊，把大箱小包的行李們往地上一扔，匆匆沖了個熱水澡，拿著海格給我的鑰匙，我便三步併作兩步，從側門抄捷徑來到了他告訴我的小十字路口。

「哈利……哈利……」腦海裡浮現魅影般的呼喚，我止步再細聽，那一聲聲的召喚，似是隱藏在不遠處潺潺的水聲裡。我再度邁開腳步，沿著越來越清晰的聲響，足跡被勾來了康河邊。

大學活動中心（University Centre）前面的水閘，是我初到劍橋就邂逅「佛地魔」（Voldemort）的地方。照片提供／Jessamine Lai

大學活動中心前的這座水閘，將康河大致切成水平面高低不等的兩段。水平面較低的是人工修整過的河道，往東北穿過許多著名學院，撐篙而過，兩旁盡是風格各異的建築和花園，已經不知殺盡多少來自世界各地觀光客的底片；而順著西南方向逆流而上，會通到以下午茶莊園聞名的格蘭雀斯特村（Grantchester Village），一路沿著蜿蜒崎嶇的河道撐船，穿過的是不見人煙的荒野和叢林，絕對可以讓喜歡刺激的人過足癮，但由於花費時間較長，危險性也高得多，一般只有劍橋大學師生以及當地居民才

有機會享受這裡的冒險奇趣。

我坐在渦輪旁的石橋邊上，環視著或遠或近、在曉霧裡忽明忽滅的微微幾盞燈光，除了緊挨著水閘、各跨著上下游分界點兩邊的的皇后學院和達爾文學院（Darwin College），也大概因為我也有了些睡意的緣故，其他的學院建築目前並不在模糊的視線裡。但聽著水聲潺潺，我仍然可以感受得到，這座不分秋冬春夏、從晝到夜、二十四小時轉動的水閘，已經扛下了引導康河水流向新時代的重任。

駐守般地，見證般地，棲身在走過八百年歷史的劍橋大學中心地區一角，既顯眼又低調，水閘的年齡或許並不古老，但她彷彿成了現代康河的心臟，不但讓康河水川流不息，更用從不停歇的歌聲，迎接每年從世界各地而來的優秀學子，又用同樣的歌聲，把學成的他們送回遙遠的、聽不見康河潺潺夜曲的故鄉。

小說或電影裡的佛地魔，總如魅影般地時刻糾纏著身負拯救魔法世界使命的哈利，隨時在他耳邊聲聲呼喚，企圖引導他擁抱黑暗、走向罪惡；而這位透過兩位忘年之交介紹認識的、住在水閘裡的佛地魔，卻成為我在劍橋求學時最好的朋友。我總在失意或沮喪的時候前來拜訪，讓這裡獨一無二的歌聲，穿過我的傷口、流沁全身，然後帶著重新灌滿的能量與自信，返回充滿挑戰的生活，繼續在我的魔法世界裡歷險。

佛地魔的歌聲，總混和著康河潺潺流水聲，流進我的心肺，療癒我的傷口，在流浪他鄉的歲月裡，為我傳遞源源不絕的勇氣與力量。照片提供／Wilson Chen

第二章

乘篙飛翔

在康河上那些搖搖晃晃之間的歡聲笑語，是劍橋人在離開劍橋後最難以抹去的記憶之一。照片提供／Andy C. J. Nien

Chapter 2
Punting on the River Cam

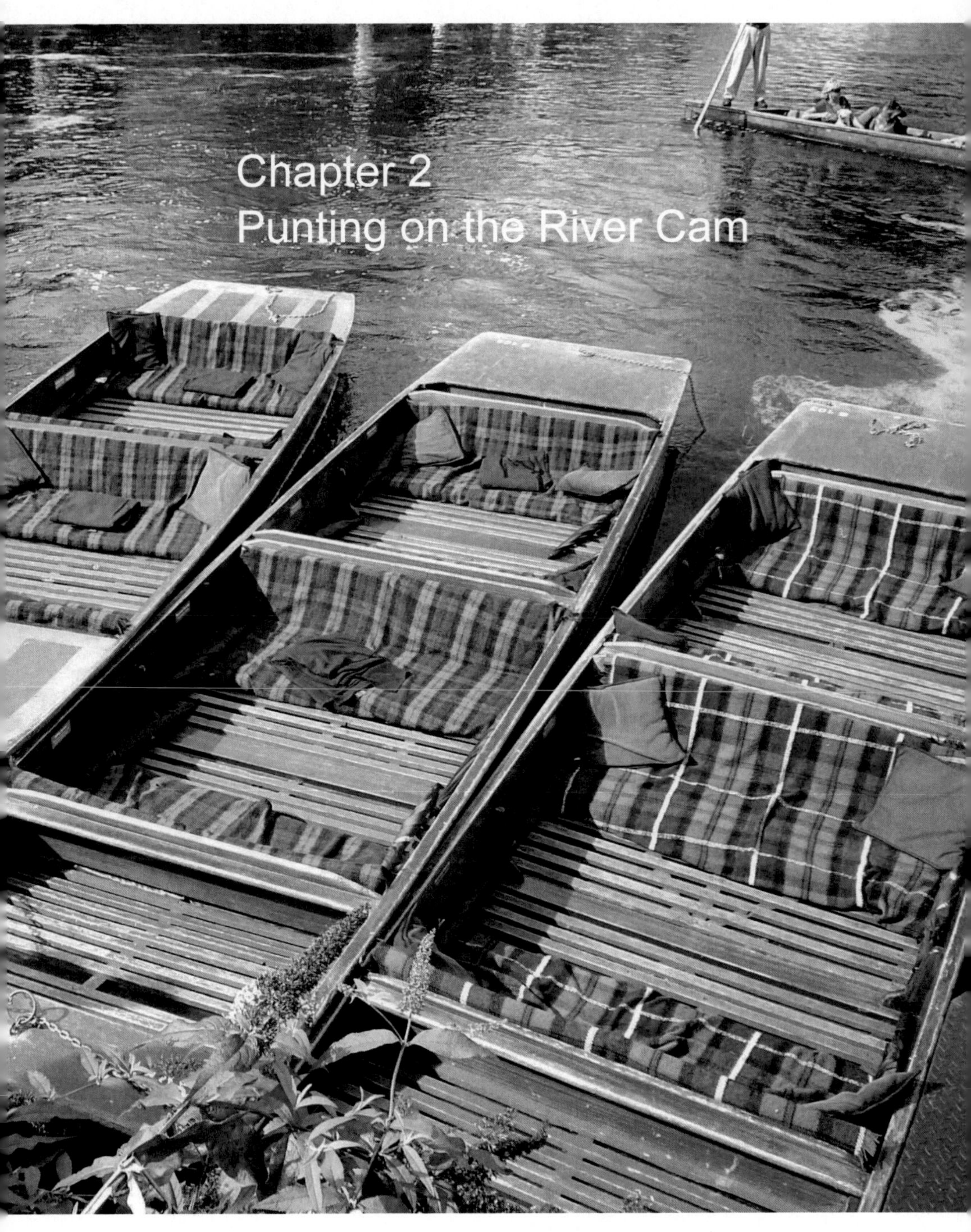

「哈利，下午要幹嘛？」手機那頭，在布里斯托（Bristol）念書的好友威爾森大聲嚷嚷，「下午喔？要看書吧！」這是許多劍橋人反射性的回答方式，「屁啦！你當我是鬼會相信你的鬼話喔？我要帶三個正妹去劍橋玩，加上我一共四個人，已經在布里斯托車站了，快到劍橋時打給你，呵呵，掰掰！」連珠炮劈哩啪啦一長串後，威爾森就掛上電話。

「蕭邦哥，下午要幹嘛？」我撥了通電話給一位在中國音樂學者聯誼會認識的北京拜把兄弟——在化學系做博士後研究的哥兒們蕭邦，他姓蕭沒錯，叫他蕭邦（Frederic Chopin）是因為他彈得一手好鋼琴，尤擅蕭邦夜曲系列，「下午喔？要看書吧！」雖然是反射性的回答，但是從他口裡吐出，真實性應該稍微高我一些，「屁啦！你當我是鬼會相信你的鬼話喔？我朋友要帶三個新生來劍橋玩，都是正妹，加上他一共四個人，已經在布里斯托車站了，快借船！呵呵，掰掰！」

蕭邦所屬的達爾文學院船塢規模龐大，船的借成率也比其他學院高一些，再加上他總有源源不絕的零食供應，因此每每有類似的需求出現，我大概第一個就會打給他。

「我會帶我媽從北京寄來的零食。」兩分鐘後，蕭邦傳來What’s app簡訊，再次證明蕭媽真是中國音樂學者聯誼會裡每個人的好朋友。

「酒和果汁我買。」我回他的每次也都是同一句，蕭邦大概跟我一樣，只是把之前的訊息複製貼上傳送而已。

這樣的場景，在我身上每個月至少會發生一次。其實，我並不是特例，拜一年四季如潮水般湧來康河朝聖的親朋好友們所賜，幾乎所有的劍橋男學生和不少女學生都被鍛鍊成了撐篙好手。劍橋大部分學院都有船隻讓學生使用，即使是許多主建築不靠河的學院，也都有自己的船塢，或者與河邊船家有長期簽約關係，以極為便宜的價格讓學生使用船隻。蕭邦所屬的達爾文學院是濱河的代表性學院之一，擁有龐大的船隻群，由他來借船，也可免去在其他學院可能會面臨的排隊之苦。

拜一年四季不間斷來訪劍橋的親友們所賜，劍橋學生幾乎個個能撐篙搖船。照片提供／洪承宇

魔法世界的後花園
The Backs

在大部分的情況下，「Back」（後方）只是一個普通的英文單字，但是，「The Backs」在劍橋卻可以和形容天下最美事物的所有形容詞畫上等號，讓彌爾頓（John Milton）、拜倫（George Gordon Byron）、華茲華斯（William Wordsworth）和徐志摩等這些分量足以撐起當代世紀文學史的詩人，都紛紛情不自禁為她留下行行纏綿悱惻的情詩，更有無窮無盡的觀光客，一年四季不間斷從世界各地追隨詩人們的腳步前來到劍橋，為的就是與她——學院們的共同後花園，在康河上撐篙相會。

The Backs

從我遇到佛地魔的那座水閘為起點，乘著可搭載六人的長型平底船（Punt）往東北順流而下，康河會悠悠依序穿過皇后（Queens'），國王（King's）、克萊爾（Clare）、三一堂（Trinity Hall）、三一（Trinity）、聖約翰（St. John's）、麥格達蘭（Magdalene）一共七座學院。掌篙人站在船末，以長篙往後方水底一頂，船便會往前徐徐前行，或左或右，熟練者可讓船身在蜿蜒的康河裡來去自如，甚至婆娑起舞。觀光客少的季節，我常看到一些大學部學生，在這裡以篙競技，把平底船當水上摩托車，我猜徐志摩的年代應該不會出現這種光景，否則我們的浪漫詩人可能會嚇暈在康河邊上。

稍微活潑些的畢竟還是學生們的行徑，沒有外力加諸的康河，基本上還是沒有愧對浪漫詩人們的描寫。尤其在Backs裡，康河流經的各學院河畔處被妝點得色彩繽紛的花園，每個角落都能看到個花匠們精心設計的巧思，隨著季節更替，大自然披了不同顏色的外衣，花園們也不時在乘風而過的渡船

左　康河畔的花團錦簇，在各學院花匠巧思下，隨時都會變換呈現不同驚喜。照片提供／Jim Tang

右　國王學院（King's College）的歌德式禮拜堂是Backs的風景裡最醒目的地標。照片提供／Harry Hsu

人們不經意的時候，悄悄改頭換面，讓每次親近康河水的少年男女們都能發現新的驚喜。

談到河畔學院建築，人氣王當屬國王學院那座不怒自威的哥德式禮拜堂，恐怕從Facebook出世來就持續穩坐觀光們的最新首頁圖片第一名，而比較少人注意到還有一旁皇后學院的道道長廊，蜿蜒優雅，有的嬌媚似花，有的溫婉如水，皇后、妃嬪、貴人們各顯風姿，只為那聳立在藍天白雲下的國王偶爾能欣賞一下她們的千嬌百媚，可惜的是，即便是觀光客，來到皇后學院，也多半是在數學橋上拍張照片即匆匆離去。

Backs的精華，還包括克萊爾學院（Clare College）後方的濱河露台，在近年擠進劍橋告白地點前五強，小情侶並肩坐在石欄杆上，男生可以趁

左　緊挨著國王學院的，是皇后學院（Queens' College）內的長廊，一道接一道，優雅蜿蜒。照片提供／Harry Hsu

右　在康河上拍攝婚紗照絕對是金錢買不到的浪漫，僅開放給劍橋校友申請。照片提供／Harry Hsu

著盛裝的新郎新娘（劍橋校友可申請在康河上拍撐船系列婚紗照）從腳下漂過時，摟著女孩，在寶貝的耳邊說：「親愛的，不久後我們也會像他們一樣。」但我曾看過一個亞洲女孩，大概想裝可愛給男友看，托腮晃腳，想必是鞋帶沒綁緊，一個不小心一隻鞋子就往腳底下的康河飛去，只聽得岸邊船上同時驚叫，船上的氣質新娘瞬間變身抓狂潑婦，這一切，恐怕都被三一學院遠遠凝視河面的拜倫像看在眼裡，如果詩人拜倫有靈，此情此景，不知他會怎麼下筆？

最讓人快意的，莫過於國王學院後方那片比翡翠還要綠的大草坪了，躺在上頭，艷陽高照的時候，會覺得自己也化為天上的一片雲；來到霜雪紛飛的銀色時節，這兒又成了打雪仗的最佳戰場；至於細雨霏霏的陰天，「如果你夠灰暗，」一位念哲學的法國朋友這樣形容，「你可以感到草地的惡和康河的惡彼此拉扯，你在當中最終會被犧牲，但你仍然甘之如飴。」向來神經大條的我，其實不大懂得他的層次，但細想，我覺得他所謂的「惡」雖會吞噬人，但應該是屬於吞噬後還能給人新生的那種。

向晚，總能聞到一艘艘泊在這片草原畔的船上飄出陣陣酒香，有些學生還會在船頭插上繡著自己學院徽章的小旗幟，迎風飄阿飄的。最令我印象深刻的，還是在那個期中考後的傍晚，我躺在這片草皮上，看到一艘「發光」的船幽幽飄來，直到船近了，我聽見船上的「幽靈」們唱起了生日快樂歌，才確認那不是一艘鬼船。

而傍著國王學院的那座哥德式禮拜堂、緊挨著這片草原的河段，也是在Backs當中最寬敞的部分，撐篙人熟練的左擺右晃間，一艘艘小船來回穿梭在這灣碧水兩岸，有的時候乾脆就橫在河中央停下，為的都是讓船上的淑女們，在快門裡留下一張張「與王共遊」（國王學院的哥德式禮拜堂）的倩影，不論早晚，也總有成群的鴛鴦、水鴨和天鵝在身邊搶鏡。

美則美矣，但一篙一槳，御風而行，看似輕鬆，其實技術上大有學問。常有撐船人貪看美景失神而導致船難發生，不是船撞船，就是暴衝橋墩或岸邊，是故，劍橋大學除了最美的建築群沿著康河排列在這裡，最多的慘叫聲也集中在這裡，兩者相加，使Backs成為全英國最美的災難區。

劍橋學生如此，篙船們在一般觀光客的駕馭下就更難乖巧聽話了，常看到原本微微打轉的船身漸漸開始急轉，撐篙的小夥子一緊張，一不小心鬆了手，船篙立刻滑進水裡不見蹤影，不一會兒，這杆長長的傢伙，竟然在數十呎外俏皮地露出水面，然後隨著水流，消失在一船子人的視線裡。

但更常出現的遺憾情節是，另一艘船，掌杆人身手俐落，帥氣地從這艘尷尬的掉杆船旁瀟灑滑過，原本浮在水面上的長篙也跟著不見了蹤影，聰明的人應該不難猜出，這杆被遺棄在水裡的傢伙，肯定是傷心地跟在人家的船底悄悄走了，連背影都不願意被丟棄它的冤大頭看到。

還有更淒慘的，有些河段的水底是厚厚的爛泥，一個不留神，竿子便會固執地把自己卡進泥裡不願離開，此刻大部分人的第一反應便是緊緊捉住竿子，但稍有一點基本物理概念的人就會知道，船身仍會隨著慣性繼續飄移，接下來所上演的，便是一場撐篙人與康河水親密接觸的經典劇碼了。索性Backs河段水淺，死不了人，就算旱鴨子落水，船上、岸邊也隨時會出現金髮碧眼的肌肉帥哥或身材火辣的健美女郎，噗通跳下水把你救上岸。

那麼，竿子卡進泥裡了怎麼辦？這還用說，必須當機立斷丟竿呀！我不是在開玩笑，這真的是唯一的活路。

話橋
All About the Bridges

掉竿、落水的生動畫面，更常出現在一座座橫跨在康河上的橋下，原因並不是長篙卡進了泥裡，而是掌篙人忘了將手中立起來高於橋身的長杆壓低，於是乎長杆上半身吻上橋身，清脆的「喀」一聲響，那人那杆雙雙落水，徒剩無人掌舵的船隻和一船滿臉罔的船客們緩緩穿過橋下，把撐篙人既落水又失杆的狼狽，一起留在橋的彼端。可見得，在劍橋，可別想著和橋開玩笑，更別想和她們作對。她們的美麗和嬌媚，你沒有辦法拒絕；她們的古老和固執，你更沒有能力抗衡。

The Reeve's Tale

劍橋的橋所承載的故事，得從她的名字開始說起。River Cam如今多譯為「康河」，有人稱為「劍河」，倒也給了她另一種不同意境，但幾世紀以來，這裡的古老名字其實是「格蘭特」（Grant）或「格蘭塔」（Granta），而康河（River Cam）的舊名也是「格蘭塔河」（River Granta）。

西元八世紀開始，Grantebrycge這個古字出現在央格魯薩克遜編年史裡，據說還是古英文將水與橋合而為一的首例，直到11世紀後，受到拉丁文影響，她被叫成Cantabrigia。14世紀，英國詩歌之父喬叟（G. Chaucer）在他的代表作《坎特伯雷故事集》（*The Canterbury Tales*）中有一篇〈河水的故事〉（The Reeve's Tale）裡讓讀者看到的坎特伯雷（Cantebrigge），已經和現在的Cambridge很接近，一直到伊莉莎白女王時代，如今的用法才被正式確定，而康河的新寫法River Cam，也重新改寫了這灣長河的命名使。

不過，從市區到鄉間，從學院到市集，從英格蘭南端發源，一路最終注入北海，康河上一座座充滿傳說故事的橋墩，也讓人們早就淡忘Granta

左　國王學院禮拜堂前方，是Backs當中寬敞的河段，撐篙人左擺右晃間，總有水鴨、天鵝在旁搶鏡。照片提供／Harry Hsu
右　從英格蘭南端發源的康河，流經劍橋，從市區再到鄉間，最後一路注入北海，河水流過的故事和劍橋大學裡的故事一樣，多如滿天繁星。照片提供／Justin Chu

這個古老的名字，只有東南方向上游，據說仍有條小小的支流還沿用River Granta為名，固執地不願丟棄這聲似乎已經老去、卻不曾枯委的叫喚。

牛頓鬼魂指導建成的數學橋

「我告訴你，這座橋可是牛頓（Isaac Newton）蓋的，」來到位於皇后學院的河段，從數學橋（Mathematical Bridge）下穿過，常常可以聽到劍橋學生用誇張的口吻介紹這座有著鄉村風格的木橋，「啊！真的是它！」旁邊的人一起驚呼，「當初在蓋的時候，完全運用精密的數學計算搭建，不經過一釘一槌，」介紹者繼續興高采烈地說，「可是你們湊近點，是不是到處都看得到釘子？」「啊！真的都是釘子！」又是一陣整齊的驚呼，「呵呵，因為後來有個調皮的學生，為了證明自己和牛頓一樣聰明，趁著半夜把這座橋拆了，沒想到事後恢復不了橋的原貌，校方只好用釘子把它重新釘起來！」於是乎，一傳十、十傳百，除了三一學院門口的那株蘋果樹外，這座橋也和牛頓沾上邊。

完全由木頭搭造的數學橋，官方名稱就叫做木橋（Wooden Bridge），名符其實，不過，與牛頓扯上關係的種種全都是子虛烏有，因為在她誕生於康河上的那一刻，牛頓早已撒手人寰了22年。這座傳奇性濃厚的木橋，最早只是由學者艾斯理居（William Etheridge）根據幾何原理在1748年做出的迷你模型，相傳是他遊歷中國時，看到不用一釘一鉚、全部鑿榫銜接的建築技術受到啓發。隔年，另一位建築專家艾塞科斯（James Essex）就將艾斯理居設計的模型落實建造，當時使用的是馬車上專用的螺釘。至於現在看到的數學橋，其實也只是皇后學院後來搭建的「複製橋」，而且上面滿是大大小小的螺栓。不過這座第二代的數學橋，倒是真的經過多次學生的拆解和重組。

好了，關於牛頓建數學橋的傳說就這麼被瓦解了，但許多牛頓的粉絲們還是有話說：「雖然它不是牛頓親手蓋的，但是這顯然經過牛頓鬼魂的指導！」呃，不知道是劍橋人在消費數學橋，還是數學橋在消費牛頓？暫撇開劍橋人透過傳說故事表達對牛頓的崇敬，我倒覺得，這些展現「劍橋精神」的學生們，對於該橋拆解又重組的種種蹂躪恐怕更為人津津樂道，不只是因為他們對於實踐所學的自信，更是因為他們不服輸的執著，以及那股勇於挑戰傳統、向權威叫囂的骨氣。

左　皇后學院的數學橋（Mathematical Bridge），傳說是由牛頓（Isaac Newton）的鬼魂指導建造而成。照片提供／洪承宇

右　白雪紛飛裡的國王橋（King's Bridge），收起艷陽裡君臨天下的神態，在漂浮碎冰的康河上，展現的是另一種典雅又滄桑的風姿。照片提供／洪承宇

君王枕畔的低調奢華——國王橋

告別了皇后娘娘的「坤寧宮」，順流往北而行，船便開始緩緩駛近皇上的「乾清宮」，艷陽底下，只見一座白得發亮的石橋，高調地在柳蔭間橫跨康河兩岸。有的時候微雨初過，濃霧未散，我老覺得有那麼幾隻振著翅膀的精靈繞著橋身飛舞，彷彿自己的船隻會驚擾她們似的，每回撐篙而過，我總是特別小心翼翼，深怕自己手中的船篙會傷了玩得忘我的她們。其實，國王橋的知名度，遠遠不如她周遭的風景有名。君王枕畔，石橋再美，怎敢功高震主？站在橋上轉一圈，大多數人恐怕都會驚叫：「啊！我在書上看過照片！」你猜對了，哥德式禮拜堂就在一旁。

國王橋（King's Bridge）南北，兩個方向兩樣情。站在橋上，往南回首，涓涓流水從遠方的數學橋輕輕滑到腳下，這裡的河道是稍微狹窄一些的，春天的時候落花處處，不管是水面或河岸兩邊都像鋪滿了碎花布，有時候站在橋上乘涼，「Harry！」不意間還會遇到自己的同學撐著船，載著來訪的家人從橋下穿過，喊你名字的時候還在橋身南邊，回過頭來，他已經在北邊緩緩隨船漂去，笑著與你揮手。

橋身南面靜謐優雅，北面則是另一番開闊的氣象，撐篙穿過國王橋，彷彿從幽靜的森林密道鑽出，瞬間拓寬的河面，左岸就是那片Backs裡最讓人忘我的大草坪，右面就是劍橋最具代表性的哥德式建築——那座不可一視的國王學院禮拜堂了，一片片彩色玻璃窗在傍晚的斜陽下不斷眨眼，監視著另一片被修剪得像一片綠海一樣平坦的方庭（Court）草皮。方庭草皮這玩意兒，是每座學院都有的做作東西，這裡可和康河另一面——Backs裡那片可以隨意坐躺的草坪不同，恐怕連一隻螞蟻都不被允許爬上去。（有關方庭的介紹，可以參閱本書第三章〈分類帽的傳說〉）。

其實，國王橋邊還是徐志摩最流連忘返的地方，成排柳蔭傍晚在河裡灑下倩影，讓他在河畔提筆寫下：「河畔的金柳，夕陽中的新娘；波光裡的艷影，在我的心頭蕩漾。」更使他連作夢都願意跳進河中，「在康河的柔波裡，我甘心做一條水草！」不過，我覺得最美的時刻，還是當河面拓印著天上晚霞繽紛的時候，河面彷彿灑滿了各色寶石，水面上霧氣瀰漫，篙船來來往往，船上你我個個都彷彿是琉璃世界裡騰雲駕霧的仙人。

向北穿過國王橋後的康河，是Backs裡面最寬闊的河段，總見大小船隻在此熱鬧競逐。照片提供／Harry Hsu

上 Backs裡的垂柳片片，相映康河柔波蕩漾，讓包括彌爾頓（John Milton）、拜倫（George Gordon Byron）、華茲華斯（William Wordsworth）和徐志摩等這些詩人們，紛紛寫下纏綿悱惻的字裡行間。照片提供／洪承宇

中 清風輕拂水面，克萊爾橋（Clare Bridge）下的三個圓都成了中國道家裡的太極圖。照片提供／洪承宇

下 克萊爾橋缺角的石球，創造超高人氣，也為克萊爾學院賺進大把觀光財。照片提供／Wilson Chen

克萊爾橋——康河上的話題行銷一哥

一路再向北，不意間，克萊爾橋（Clare Bridge）下的三個月洞常常讓我陷入苦惱，不知道要從哪個洞穿過去，我總覺得每個洞都有一個精靈在守護，要是選擇中間的，就會冷落了左邊的、惱了右邊的。不過，三個半圓月洞結合了水裡的倒影，水下為陰、河上是陽，恰好成了明暗各半、陰陽相錯的三個圓，有時候疾風颼過，半圓與半圓交接的水面晃呀晃的，三個圓都成了中國道家裡的太極圖，不論從哪個洞穿過去，都頗有一股道骨仙風的瀟灑，這種樂趣，恐怕只有東方人才能夠理解了。

克萊爾橋下的太極陰陽玄機是我自己想像的，我也沒有和人提起過，這個陰陽交會、說不定還能通往第三度空間的祕密，想來只有我自己知道。但是，橋上的陰晴圓缺故事，不用說劍橋大學的學生了，恐怕連初次來到劍橋的觀光客，都能在市集廣場的冰淇淋小車前，聽到旁邊的熱狗攤老闆，向另一群觀光客滔滔不絕地訴說這個和牛頓造數學橋並列的傳奇。但牛頓造數學橋的傳說是子虛烏有，而克萊爾橋上遺留的故事卻有著比較高的真實性。

時間回到克萊爾橋落成的1639年，建築師格蘭波（Thomas Grumbold）興高采烈地向克萊爾學院討賞，沒想到院方竟然對他的成果不甚滿意，大砍賞金。格蘭波氣炸了，於是便在夜裡藉著酒意悄悄溜回竣工現場，晃到了橋南面護欄上由西數向東的第二顆球前，三兩鏟就把球體消去了一塊。有趣的是，今日我們身手一探，還能發現她的削切面竟然十分平整光滑，似乎有被「保養」之嫌。

將近四百年來，克萊爾學院從未試圖去修補這顆石球。如今喚她為還沒完工的橋也好，或被破壞的橋也罷，能夠肯定的是這顆缺角的石球，創造了克萊爾橋的超高人氣，也為克萊爾學院帶來可觀的觀光收入。一面七顆、兩兩相對總共14顆石球，其中一顆還是被削去了一塊的，就這樣一同守護了這個故事將近四百年。

「別亂摸！」我曾有次半夜晃到這裡，聽見一個劍橋學生對著同行友人大喊，「快十二點了，會被咬！這個缺口受過詛咒。」我心裡想著，好樣的，這種無聊的梗竟然除了我之外，也有其他人想到。說實在話，再經典的傳說，恐怕都會有讓人說爛的一天，克萊爾學院何不進一步創造其他的故事，讓下一個四百年更添話題？

嘆橋
The Bridge of Sighs

過克萊爾橋，河面又漸漸縮小身子，耳邊也不再喧鬧，就連空氣也跟著稍微涼了些。轉了一道彎，又一座令人更為之振奮的橋出現在眼前，她的美，甚至還讓維多利亞女王在日記裡讚嘆：「劍橋在這裡展現了最美的容貌。」

既過此橋必須一嘆

連結聖約翰學院（St. John's College）康河兩岸院區的嘆息橋（Bridge of Sighs），封閉式的設計，與其說她是橋，更可以形容她是一道橫跨康河的水上藝廊，從雕飾華麗的橋身，到隨著橋下弧線優雅排列的五扇拱型長窗，都走著精細的巴洛克線條，透過一格格小窗櫺，還能看到橋的另一邊，船隻的篙影在綠影扶疏間悠悠來去。

如果是從聖約翰學院裡走上這道橋，一定要選在日出或日落，一抹抹斜陽暖暖地飄進來，灑在個個求知若渴的學子臉上、五百年學者們的足跡上，有時候剛下過雨，光與光交錯穿梭在飄盪的水氣和格格窗櫺間，實在是把巴洛克藝術那種既撲朔迷離、又強調包容的戲劇性層次感發揮得淋漓盡致。

顧名思義，既過此橋，必須一嘆，原來早期嘆息橋是住在河西的學生通往東邊考場的必經之路，每每考前過橋總要長吁短嘆一番，而試畢領了成績單，邁著沉重步伐踩上歸途，又返此橋，看著腳底下的幽幽康河水以及往返船隻上笑語不斷的其他學生，橋裡橋外，兩番光景，當然又要再嘆一次。

各地嘆息橋各樣情

其實，嘆息橋最原始的本尊座落在義大利水鄉威尼斯，建於16世紀，底下悠悠流過的是總督宮旁的宮殿河（Rio di Palazzo），而嘆息橋（Ponte dei Sospiri）這個名字，還是一位劍橋大學校友——那位被封為「風騷的浪漫主義文學泰斗」的英國詩人拜倫在19世紀給取的。但追溯其典故，不僅不浪漫，甚至陰森幽暗無比。原來在威尼斯共和國時代，這座看起來似乎不起眼的小橋串連著總督府的審問室和監獄，外觀體現的是早期巴洛克風格，線條華麗、雕花典雅，但完全封閉式的設計，只有面向運河的一側開了兩扇小窗，死囚們進牢前經過此橋，必在此駐足片刻，長嘆最後一口氣，享受生命裡的最後一道陽光。

大概因為嘆息的意象太過鮮明，各地紛紛仿效蓋起嘆息橋，德國法蘭克福老市政廳和美國阿利根尼縣法院也陸續出現了嘆息橋，後者同樣也通往監獄；再來到英國倫敦，雄跨在泰晤士河（River Thames）上舉世皆知的滑鐵盧橋（Waterloo Bridge），不知道從甚麼時候開始，也有很多人稱她為嘆息橋，恐怕和於此大敗的拿破崙脫不了關係，不過值得一提的是，此橋始終難脫悲劇色彩，從19世紀中開始，許多情場失意的男女一個接一個來此殉情，使該橋也獲得自殺勝地的封號。

離開沉重的法院、審判試或監獄，我們還是回到清新可愛的校園吧！除了劍橋大學之外，牛津大學的赫特福學院（Hertford College）也在19世紀搭了一座連接學院宿舍和餐廳的拱橋，同樣被學生稱為嘆息橋，成了劍橋大學聖約翰學院嘆息橋的表兄弟，在這裡吃了快四年飯的朋友告訴我，他們嘆的是餐廳裡的食物太難吃了。

牛津和劍橋的兩座嘆息橋，不斷來回走著全世界最優秀的學生，隔著百哩之遙，彼此相嘆了百餘年至今。不過，牛津的嘆息橋下頭僅僅是人車來往熙攘的街道，意境似乎沒有劍橋大學那座俏立在康河上的嘆息橋美，常被劍橋大學學生訕笑。但是，比起義大利威尼斯那座通往死亡的奈何橋，這兩座校園嘆息橋，再怎麼百嘆、千嘆、遠嘆、近嘆，或嘆著從橋上走過、嘆著從橋下撐篙划過，恐怕都顯得有些風花雪月，似乎有造作之嫌。

不論是通往監獄、刑場，還是通往考場或教授的辦公室，儘管各地嘆息橋各樣情，橋中人的心情似乎都應該是灰色的。不過，今日的嘆息橋們，從威尼斯早期送死囚上路的嘆息橋，到如今在康河柔波裡映著倒影的嘆息橋，在許多觀光客眼裡的重大意義，恐怕只是必在社群平台上打卡的自拍景點，即使偶爾會有那麼幾位略懂歷史掌故的人，不負責任地喝幾口小酒，說說河水、聊聊生死。

過往已成雲煙，嘆橋，其實也不必太沉重。

上　劍橋大學聖約翰學院（St. John's College）的嘆息橋（Bridge of Sighs），早期為邁向考場的必經之路，凡走過必留一嘆。照片提供／Harry Hsu

中　綽號也叫嘆息橋的倫敦滑鐵盧橋（Waterloo Bridge），從19世紀開始，也成為倫敦最夯的自殺勝地之一。照片提供／劉天申

下　牛津大學赫特福學院（Hertfurd College）的嘆息橋下頭是人車熙攘來往的街道，似乎未如康河上的嘆息橋詩情畫意，常被劍橋大學學生嘲笑。照片提供／曾劭愷

上　日暮斜陽從格格窗欞灑進康河上的嘆息橋，光影交錯間，把巴洛克藝術特色發揮得相當巧妙。照片提供／Harry Hsu

下　位在威尼斯的嘆息橋是各地嘆息橋系列的源頭，其實原來是審問室通往天牢的奈何橋。照片提供／蔣皓任

勇闖魔界禁忌森林
Into the Forbidden Forests

霍格華茲魔法學校附近的那片禁忌森林，除了鄧不利多（Albus Dumbledore）等少數資深教授外，嚴禁任何人進入；但是劍橋南邊的禁忌森林，可沒任何嚴格規定，只要你有本事，隨時都可以「撐」進去挑戰極限。

「那邊，」輕輕咬了一口大家在昨晚就準備好的三明治，馬上就拿到醫學博士的小川學姊冷靜地說，「有一條蛇。」語畢，一船的女生齊聲驚叫，所有的男生迅速雀躍地站起來，往小川手指的方向望去。這一段，剛好篙杆在我手上，我站得高，看得清楚，有那麼一、兩秒的時間，在靠近水面處，牠背上的鱗片在正午的陽光下鑽石般地閃了閃，眨眼間又消失在水面下，接著只見一條細細長長的黑影鑽進與我們不遠處的一叢水草裡。

「鑽到那裡面了，」我指著那叢黑矇矇、在水面下不斷晃動的水草說，「裡面恐怕還有更多，要不要划近一點看蛇？」我企圖把船掉頭，「許哈利！」這是一個很好的機會，可以知道船上衆人的危機處理反應，或者更簡單一些，可以了解誰碰到蛇會抓狂，「你你……你給我繼續划，趕趕趕快划……快離開這裡！」向來率直天真的瑪莉學姐，已經跳到距水蛇藏身處最遠的那個船角，緊緊抱著還在淡定吃三明治的小川，瞪著我。其實念化學的瑪莉，除了遇到蛇會沒轍外，膽子是極大的，幾乎每次穿越禁忌森林的歷險，都是她號召的。

劍橋的禁域

同一條康河，不同的世界，行船於此的樂趣可和穿越學院們的後花園——Backs大不相同，這裡的水岸邊看不到富麗堂皇的雕樑畫棟，沒有萬紫千紅的座座花園，更不見熙攘喧鬧的觀光客群。不似穿過Backs的康河水沿著學院草坪幽雅地流淌著，此處的河道不經任何人工修飾，極度任性，甚至張牙舞爪地咆嘯，失控地狂舞在一座座滿是蛇虺蚊蚋的密林間、奔馳在一片片不見人煙的曠野上。

以一左一右坐擁皇后學院和達爾文學院的那座水閘為分界點，如果以北而下那片美輪美奐的Backs是仙境，那麼以南往上而溯便像進入了荒蕪的魔界。不過，仙境裡的美好多是人為雕琢的痕跡，就連呼吸之間，嗅到的那股劍橋學城走過的八百年歷史軌跡，恐怕有時也難免顯得矯情或束縛。而魔界裡的所見、所聞、所觸，則是全然地原始而赤裸，奔放不羈，卻又叫人畏懼，從幾世紀前的格蘭特河時代到今天，河道的曲折蜿蜒或許改變，但河內的泥沼一樣混濁不見底，處處水流湍急，時時暗藏漩渦，即使泳技一流的人落水，一旦被捲入暗流，恐怕立時會被這條千年巨蛇吞噬，屍骨無存。

在禁忌森林裡撐船，三杆一小彎、五槳一大彎，於此行舟，那一艘艘只能乘坐六人、在學院後花園「漫遊」的尖底小船可不大行得通，得用大型平底船才能駕馭得了湍急的河水，一般最好坐滿十幾個人，可以讓行船更加平穩。離開大學活動中心前那個小水閘，隨著學院建築的身影逐漸縮小，掌篙人可以明顯感受到河底所觸越來越鬆軟，每一杆觸泥，重新拔起都是一番功夫。

大船重力加速度也強，輕輕一頂，一船人便能行十數呎遠，往往能給撐船人莫大成就感，但也因為四兩可撥千斤，控制方向又成了另一挑戰。若為順行，有時水流太兇猛，掌篙人只能稍稍控制船向，減緩速度，讓船跟著水流走，船隻常會不受控制地撞向兩岸的樹叢，只聽得靠近岸邊那側的人齊聲慘叫，待撐船人將船回正後，那幾位可憐的人兒不是臉上掛著樹葉，就是肩上黏著幾隻花花綠綠、造型各異的昆蟲。

更可怖的是常遇到河岸的樹妖，直接彎下猙獰的身軀，想和船上的我們來個惡魔之吻，不過這個關卡倒容易得多，只見經驗豐富的眾人，就在那關鍵的一刻間，彎腰、低頭、折身，「喝！」比如堪稱比男人還勇的莉莉學姐，大概剛過了博士班口試，氣勢如虹，只見她縱身一躍，雙腳輕輕在那樹妖脖子上一點，同時間船身已從枝幹下滑過，頃刻她已落回船上，船身晃了晃，「小兒科，」只見莉莉大氣不喘，拍了拍黏在衣服上的殘葉，看著幾位剛來到劍橋的小學弟、妹道：「還是不要亂學，姐有練過！」

魔界中的仙境

穿出密林，曠野從河的兩岸開始向外無限延伸，草原綿延無盡，取代了密林裡一隻隻朝船上伸出魔爪的樹妖。相對於學院方庭內那些一片片「格局方正」、被修剪得井然有序的草坪，好似被安養在宮殿裡的公主和王子，這裡的每根小草都能夠貪婪地汲取陽光、大啖露水，霸氣地在風中搖擺，宣示她們在原野上的主權，水岸則沒有樹林遮蔽，視線一路往無邊際的田野延伸，水面飛鳥掠影，常讓人分不清是飛鳥倒影或水中游魚，而提杆站立船頭，更讓人升起一股想扯下雲朵拭亮藍天的豪興。

在這裡行船，更顯隨心所欲，或因貪戀岸邊半身藏在石縫裡的一朵小花，或者想去草地上打個滾，或因為內急，隨時都可靠岸小憩，如果角度切得好，不需纜繩、更不用鐵鉤，想辦法讓船「稍微擱淺」，接著在船身旁把篙杆往泥地裡一插，船被固定住了，一行人便可拎著大包小包的零食、佳釀上岸，鋪上野餐布，一坐就坐到天黑。很多人更帶著野炊器材，讓其他船隻緩緩駛過時都能聞到陣陣飄來的玉米香，即便如此，這裡仍然找不到一丁點垃圾，因為沒有人捨得破壞這片「魔界中的仙境」。

左　在禁忌森林裡撐船，三杆一小彎、五槳一大彎，不僅技巧重要，更關鍵的是膽識。照片提供／Jessamine Lai

下左　穿過禁忌森林後的草原，是「魔界裡的天堂」，一切沒有規距，連草也長得自由自在。照片提供／Justin Chu

下右　穿過禁忌森林後的荒野河段，用人力使船「稍微擱淺」，隨時都能上岸追逐佳人。照片提供／林殷田

劍橋人的明星咖啡屋
The Orchard

「差不多啦，就這兒吧。」有人說。

「再多划一點啦！上次划得更靠近那裡耶。」另外幾個人意見不同。

「很懶耶你們，今天多走點路啦！」

「好啦，大家下船！」泊船登岸後，一夥人要探訪的是一處既知名、又低調的世外桃源。她的名字簡單而典雅，就叫做「果園」（The Orchard），不過，我們也常說她是劍橋附近的「明星咖啡屋」。一大群人裡，總有一、兩個方向感特別好的，大家就跟著走啊繞的，穿過草坪、翻過籬笆，終於找到這條低調的林間小徑，濃郁的茶香很快就把我們勾進這座園子裡。

果園茶莊——劍橋人獨有的後花園

就地理位置來說，這裡已經不是劍橋了，我們此刻腳下踩的土地，屬於一個叫做格蘭雀斯特（Grantchester）的小村莊，不過，這座超過百年的果園名聲恐怕比她的所在地還要響，這得追溯到十八世紀中。

從1868年開始，好客的主人開始在果園內自宅旁的一處草地上擺了幾張簡單的桌椅，供劍橋大學的師生、學者們休憩，從一開始讓大家盡情享用園內的桃李瓜果，到後來應學生要求，他們開始製作自有品牌的茶點，名氣在劍橋內外漸漸打開，許多人招呼引伴，一坐就是一個下午。

1897年的一個春晨，山尖才剛泛起魚肚白，又有一批學生天沒亮就興沖沖趕來果園「卡位」，看著不遠處一顆顆透紅的蘋果，伴著清晨的霧氣，在一絲絲灑下不久的朝陽細線裡若隱若現，隨著晨風搖啊盪的，好像隨時都會掉下來，「我們也學牛頓去樹下等蘋果吧？」有人提議，「對！早該去樹下了！我們過去怎麼沒想到，乾脆把桌椅搬到蘋果樹下？」

從那天開始，他們成了劍橋大學第一批在蘋果樹下喝茶的學生，而「在果樹下喝茶」的雅興，竟然從此也成為劍橋大學師生間的一種時尚，至今未褪，考試晉級要撐船來喝一壺茶、親友來訪也要來喝一壺茶，週年紀念、失戀、迎新送舊都要來一壺茶，更不得不提的是，在各學院每年五月舉辦的狂歡舞會通宵作樂一整夜後，許多學生會撐著一艘又一艘的平底船，穿過禁忌森林到礦野上看日出，接著也要來果園吃早餐。

很自然的，這裡也成為文人雅士最愛的「打卡」地點，其中包括追隨詩人羅素（Bertrand Russell）腳步踏上劍橋土地的中國詩人徐志摩，就曾經這樣描述過這座果園：「有一個果子園，你可以躺在纍纍的桃李樹蔭下吃茶，花果會掉入你的茶杯，小雀子會到你桌上來啄食，那真是別有一番天地。」不過，並不一定來自每個國家的人都認識徐志摩，至少在這座雀鳥會和人搶食的園子裡，有一群人的人氣可比徐志摩高得多，他們是「格蘭雀斯特小組」（The Grantchester Group）。

格蘭雀斯特小組

果園茶室內部，展示著一頁又一頁大師或精英們年輕時的手跡，就在這裡，

上　名喚果園（The Orchard）的茶屋是隱身在劍橋南邊的一處世外桃源。照片提供／Jessamine Lai

中　從19世紀開始，在果樹下喝茶的雅興，就成了劍橋人至今不曾褪去的時尚。照片提供／The Orchard

下　格蘭雀斯特小組（The Grantchester Group）開啓了劍橋人在果園茶屋品茗論天下的傳統。照片提供／Jessamine Lai

他們三兩成群，品茶話天下，說古論今，談知識、聊生活、闡述理想、批判社會。如果說臺灣臺北的武昌街那間踏滿文人騷客足跡的明星咖啡屋，見證了臺灣半個世紀文學史的話，這座果園子更是譜下了描繪早期劍橋知識分子形貌最具代表性的詩篇。

一幅幅老照片中，最引人注目的莫過於英國美男子詩人布魯克（Rupert Brooke），他到底有多帥？當時的劍橋師生用「英國的阿波羅」形容他的神貌和希臘神話中的太陽神一樣俊朗。同樣是當代詩壇巨擘、又都是當代人公認的帥哥，論其影響力，布魯克之於英國，就好比徐志摩之於華人世界，他們的命運軌跡似乎也相似得不可思議。同樣出生在20世紀的兩人先後和劍橋大學結下不解之緣，不僅都愛上了格蘭雀斯特的果園，還特別習慣在果園處的同一個靜角看書，也先後走上英年早逝的命運。

徐志摩在34那年，為了趕去南京參加紅粉知己林徽音的演講，從北平搭上了與世長辭的班機，在大霧中衝撞濟南開山而殞落；而在27年華就蒙主恩召的布魯克，則是在第一次世界大戰後毅然投筆從戎，沒想到於行軍到加里波里（Gallipoli）的路途中感染了嚴重敗血症，隔年四月就死在軍艦上，當晚，軍隊在希臘斯凱洛斯島（Skyros Island）登陸，傷心的同袍們為免他的遺體受日曬雨淋之苦，直接就地把他葬了。弔詭的是，後人發現，布魯克似乎已在死前數月譜下的詩作《戰士》（*Soldier*）中預知了自己克死異鄉的悲劇：「如果我與這個世界告別，請如此思念我：在那遙遠異鄉的一處角落，是亙古不朽的英格蘭。」（If I should die, think only this of me: that there's some corner of a foreign field that is for ever England.）

雖然死神早早接走了他，但布魯克卻在生命的最後幾年過足了幸福時光，那是他在劍橋大學念書的時期，從1909年開始，他寄居在這處果園內，協助主人照顧果樹和玫瑰園，其他的時間則用來研究莎士比亞。他還特別愛在康河南方上游的拜倫池（Byron Pool）裸泳、捉魚。他曾在信上這麼向女友介紹這裡的日子：「我並不假裝和大自然熟識，但是我與她的相處相當和睦。」他過著波西米亞式的極簡樸生活，甚至除了雞蛋、牛奶和蜂蜜外，不吃喝其他的東西，而據說不管果園有沒有其他的訪客前來，他只要高興，隨時都能一絲不掛。

如此行徑，在現在的標準看來，布魯克可能會被歸為個性特異的藝術家，或者直接被當作難相處的怪咖，但是這傢伙竟然成為當時劍橋校園裡的男神級人物，原先他為了遠避大學裡從早到晚不停的社交場合來到果園，現在人人都追著他的步伐來到這裡想認識他。其中有幾位，更是幾乎天天來和他一起作詩、品茗，摘收果子、修剪玫瑰、左批劍橋校方、右責國家政府、暢談如何實踐經世救國的理想，以布魯克為首的「格蘭雀斯特小組」，就這麼在果樹下開啓了他們代代流傳在劍橋的神話。

小組成員，除了在兩次大戰期間最受矚目的女性作家、批判家，也被稱譽為二十世紀現代主義與女性主義先鋒的沃爾芙（Virginia Woolf）之外，還有被當今幾乎所有經濟學者奉為神一樣崇拜的經濟學家凱恩斯（John Maynard Keynes），他所提出的宏觀經濟學（Macroeconomics）概念，與愛因斯坦（Albert Einstein）發現的相對論（Theory of relativity），以及佛洛伊德（Sigismund Schlomo Freud）倡導的精神分析學（Psychoanalysis），被後世尊為20世紀全人類的三大知識革命。不得不提的還有天才哲學家、數理邏輯學家維根斯坦（Ludwig Josef Johann Wittgenstein），他是分析哲學及其語言學派的翹楚，就連他一位在三一學院裡的老師都形容與他的結識是「最叫人興奮的智慧探險之一」。

至於這位和得意門生維根斯坦成為莫逆之交的老師，當年同樣是小組成員，如今更已成為劍橋大學的標章之一，他是邏輯學家、數學家、哲學家、政治家、史學家、文學家、教育家，包括《數學原理》（*Principia Mathematica*）等近百部著作、近千篇論文幾乎寫下了20世紀的思想史指標，除了在1950年獲得諾貝爾文學獎外，他還因為出手調停以阿衝突、中印邊界衝突、古巴導彈危機，以及企圖阻撓越戰而獲頒世界和平獎，就連孫中山看了他的名著《中國問題》（*The Problem of China*）後，都稱讚他是「唯一真正理解中國的西方人」，這個人就是羅素，徐志摩的偶像。

我記得在第一學期剛開始的時候，自己也興致勃勃地和彼德學院裡的幾位好友組了讀書會，自以為能夠延續格蘭雀斯特小組的精神，除了我這個小咖是個例外，其他成員個個來頭不小，有哈佛大學全系第一名畢業的數學天才、華爾街金融新貴，還有位美麗佳人是東歐某國家的皇親國戚，不過自從我把中國麻將介紹給大家以後，每回聚會我們便都是在悠遊方城中渡過。

至於常常一塊兒撐船來這兒喝下午茶的臺灣同學們，確實是跟隨了該小組

左　伴著熱騰騰的花果茶，三言兩語一眨眼，從留學圈大小八卦，到飄盪在劍橋學海裡的喜悅與孤獨，一抹微笑，你懂我心、我了你意。照片提供／林殷田

右　「果園」提供的英式茶點，全是自家品牌。照片提供／The Orchard

的腳步，三不五時就來蘋果樹下報到，不過知識分享的範疇有了極大轉變，除了各地美食情報交換、品牌服飾折扣資訊傳遞、團購訊息相報、揪團旅遊說明外，留學生聚會最容易沉迷的莫過於那些不在場人士的八卦小道消息，諸於男女愛戀、被當補考之類。不過大概因為一顆顆紅蘋果就垂掛在頭頂耳邊，彷彿都會把這些大事小情聽了去似的，大家已經習慣了蜻蜓點水、話不說透的交談模式，就連享用英式下午茶乾食點心類第一主角斯康餅（scone），也一口比一口含蓄，細細咀嚼，絲毫不敢放肆，再輕啜一口熱騰騰的花果茶，三言兩語一眨眼，從如康河水一般淙淙不曾乾涸的大小八卦，到飄盪在劍橋學海裡的喜悅與孤獨，眼神交會間一抹微笑，你懂我心、我了你意。

從魔域重返人間

歸途多為順流，船速稍快，不用兩個小時就可以回到大學城內，但仍須三到四位男生輪流撐船。回程穿過片片大草原多在傍晚，此刻天上晚霞是金黃色的，兩旁草原在夕陽照拂下也金光閃閃一片，再加上映著金色晚霞的河水也流淌著條條金色光束，我總愛在每撐一篙之後，在船順著慣性逕自划行前進幾秒鐘的時空裡，把雙眼稍瞇起來，讓所有的金色在朦朧中融合在一起，讓自己感覺也在這個金色的世界裡被融化掉。

船緩緩駛進禁忌森林，天也黑了，林中的妖魔們不似白天時那般張牙舞爪，個個都靜靜地睡了。一船子的人都累了，大部分的人都穿起了外套，兩兩相靠地進入夢鄉，只有負責行船的幾位船伕醒著，撐竿者眼神堅定地凝視前方，規律地一杆又一杆，其他幾個輪流交班的人，提著手電筒，有的照向船前，有的照向兩岸，大家低聲交談，聊聊今晚各自的讀書計畫，聲音不能太大，否則會吵醒睡得正甜的女孩們，但是音量也不能小到幾乎消失，人人

康河邊的獨特寧靜氛圍，只要來過一趟，一輩子就難以忘記。照片提供／賴孟泉

都有責任讓撐船者時時刻刻都保持清醒，「哈利，」大衛哥問我，「約瑟夫做的三明治，是包牛肉的好吃，還是包培根的好吃？」這個問題確實趕走了我的所有睡意，「什麼？」一旁打著盹的約瑟夫突然驚醒，「都很難吃。」我轉頭看了一下約瑟夫，「換你划，我好餓，想坐下來吃三明治了。」「好，」約瑟夫伸了個懶腰，站上船尾和我交了棒，「多吃一點喔，剩下的那幾個都是我做的，呵呵。」

穿出禁忌森林，水流漸漸徐緩，明月已經悄悄掛在頭頂，另外一輪月亮則藏身水面下亮著，兩月像是約好似的，一上一下跟著，守護著我們的船隻。霧裡看到遠方出現了幾點微微的亮光，飄來又晃去，想必是達爾文學院或皇后學院的學生，提著學院釀的一瓶瓶紅酒，和自己烤的蛋糕，划著船慶祝口試通過。

學院們的晚鐘聲乘著月光飄到我們的船上，把睡著的女孩們都喚醒了，「到了喔？口乾，果汁還有沒有？」喃喃碎語，又把眼睛閉上。鐘聲不禁讓人想到唐朝詩人張繼行船經蘇州閶門外楓橋留下的千古絕唱，「姑蘇城外寒山寺，夜半鐘聲到客船」，在鐘聲催化下，張繼發現了「江楓」和「漁火」的相對而愁，也成了游子的鄉愁；而康河上的晚鐘，一聲聲敲在船上學子們的心裡，恐怕也叫人不得不想起遠方的那座名喚福爾摩沙的小島。究竟是鐘聲制約了鄉愁，還是鄉愁制約了游子？

「University Centre的Wi-Fi可以連到了啦！」

「是喔？」一船的人即刻又醒了過來。

制約張繼的或許是寒山寺的鐘響，或許那一聲聲烏啼也有些責任，不過，此刻，真正制約我們的是Wi-Fi。

第三章

分類帽的傳說

Chapter 3
The Legend of Sorting Hats

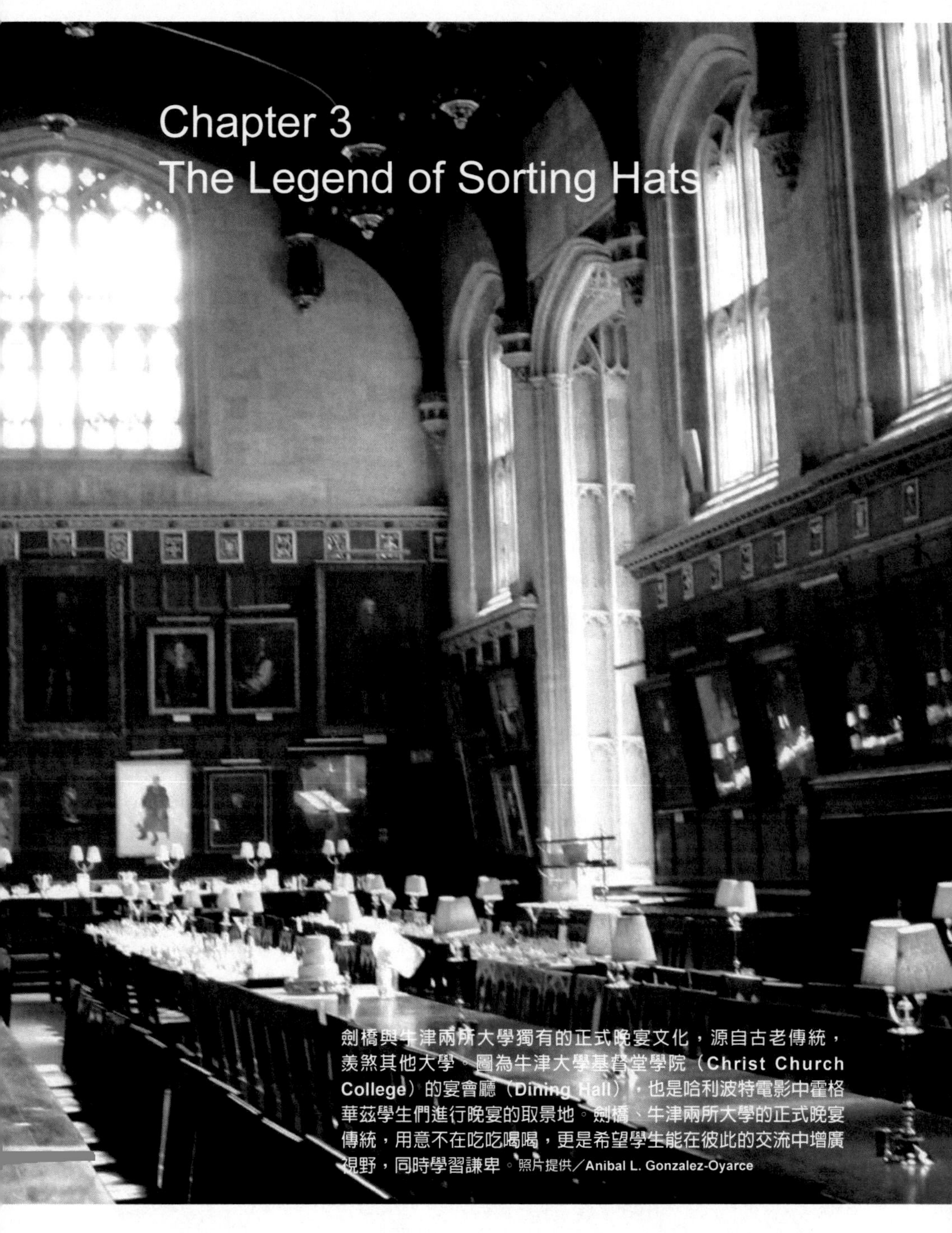

劍橋與牛津兩所大學獨有的正式晚宴文化，源自古老傳統，羨煞其他大學。圖為牛津大學基督堂學院（Christ Church College）的宴會廳（Dining Hall），也是哈利波特電影中霍格華茲學生們進行晚宴的取景地。劍橋、牛津兩所大學的正式晚宴傳統，用意不在吃吃喝喝，更是希望學生能在彼此的交流中增廣視野，同時學習謙卑。照片提供／Anibal L. Gonzalez-Oyarce

哈利波特和他的魔法師同學們，來到霍格華茲之前，在身分上基本沒有多大差別，都是霍格華茲的新生。不過，開學典禮上，身負重任的「分類帽」（Sorting Hat），卻將所有的學生分到了葛萊芬多（Gryffindor）、赫夫帕夫（Hufflepuff）、雷文克勞（Ravenclaw）和史萊哲林（Slytherin）四個「學院」（College）裡。在這一項古老遊戲規則裡，學院是學生的「家」，而霍格華茲的課堂教室只是「上課的地方」。

源自古老的遊戲規則——學院制

劍橋大學當然比霍格華茲大多了，林林總總的教學單位今日就先不聊了，我們就算一算劍橋大學的學院數，從建於1284年的大學創始學院彼德學院算起，數到成立於1977年、如今年紀最輕的羅賓森學院（Robinson College），一共有31座學院。

務必解釋清楚的是，學院在這裡的定義，和我們一般所聽到工學院、理學院、商學院、醫學院等概念完全不同，這樣的劃分，在劍橋大學裡

彼德學院的冬日清晨，步道上總殘留著夜裡留下的碎雪，鋪灑在石子間。這裡是我在劍橋的家，一個比之系館更讓我熟悉的地方。
照片提供／Harry Hsu

是屬於教學單位的範疇，包含院校（School）、學系（Faculty）、學部（Department）等，而學院（College），則是學生放學之後生活的地方。

不過，劍橋大學的學生比霍格華茲學生幸運的是，擁有多一點的選擇權，可以在一張志願表上填寫志願排序。學院志願表一般會隨著各科系的錄取通知書一起寄送到學生手上，當然新生們也可以在開學前於網路上填寫學院志願。

簡單的說，所有劍橋大學的學生，都會有兩個身分，一個是屬於大學教學系統的，一個是屬於學院系統的。以我自己為例，我一方面是劍橋大學商學系主修科技政策（MPhil in Technology Policy）的學生，另一方面，我也是彼德學院的成員。我的同班同學有三十多位，只有另一位風趣的日本人和我同樣來自彼德學院，當初他不知道怎麼填志願，但由於沒事就愛往倫敦跑，於是把所有離火車站比較近的學院都填在前幾志願；至於我自己，選彼德學院為第一志願的原因是她就與商學系隔一條馬路，可以讓我多睡一點覺。

我和這位日本同學，真的是羨煞了全班的人，尤其是冬天下雪的時候，男孩子嘛，睡到上課前五分鐘都不是問題。最可憐的是那些在離市中心偏遠學院的同學們，要裹著一層層大衣，費力地踩著腳踏車花半小時到一小時才能來到系館裡。不過也正因如此，也讓我的客廳總不得清靜，因為課堂之後大家常要討論小組作業，有時候厭倦了系管裡的肅穆空氣，又懶得走到附近酒吧，大家常常就窩到我那裡。

跟我同組的人就算了，許多跟我不同組的同學甚至也很喜歡向我借客廳，這讓我後來練就了下課鐘一響立刻快閃的高本領，以免被身旁的同學們拉住：「哈利，等一下你家客廳借我們用好嗎？不會超過兩小時，我們會買一堆吃的喝的塞滿你的冰箱，哈哈！」

「哎呀，等一下我要去樂團團練耶，呵呵。」

「沒關係，或者你把鑰匙給我，放心，我們會好好保管的，之後丟進你的信箱裡，你想要我們買什麼放進你的冰箱？哈！」

「囧……」

31座學院各據一方
The 31 Colleges

事實上，學院制的古老傳統起源於法國，卻是在英國成長壯大，如今除了劍橋大學，以及他的好兄弟牛津大學（University of Oxford）這兩所英國最古老的大學之外，還有年齡排名第三的杜倫大學（University of Durham）還保留這項故事說不完的傳統，另外世界上的其他幾座著名學府，包括美國的哈佛大學（Harvard University）和耶魯大學（Yale University），目前也仍然實施這樣的古老制度。

雖然學院們由大學管理，但是某種程度上也各自單獨運作，就連財政也都是獨立的，甚至擁有自己的房地產和投資項目。在劍橋，最有錢的大地主們並不是商人、政客，而是各學院。許多旅館、商業中心，甚至政府單位、研究機構所用的土地，都是向劍橋大學的學院們租的，有的學院甚至還在其他城市擁有數不清的房地產。向來最多王宮貴族子女的三一學院擁有的房地產不僅可以從劍橋一路排到倫敦，在2012年，他們更買下了英國最大零售商特易購（Tesco）50%的股份，價值將近5億英鎊。算一算，學院們除了擁有學生們年年繳交的學院費，更還有來自各種地產、投資收入等，個個都有錢得不得了。

31座學院——劍橋人一輩子的歸屬

有趣的是，許多從劍橋畢業的學生，對外做自我介紹時，都會先說自己是來自哪座學院，而不是在哪個科系拿了學位，很多人在功成名就之後捐錢給母校，也都優先嘉惠給自己的學院。簡而言之，就歷史的角度而言，或精神層面而言，大部分學生對於學院的歸屬感，遠遠大於自己的科系。

不只所有的學生在下課後都會回到學院的這個家，就連所有的教授、研

王宮貴族特別多的三一學院（Trinity College），除了擁有可以從劍橋一路排到倫敦的房地產，最近更買下英國最大零售商特易購（Tesco）50%的股份。照片提供／Jim Tang

凱瑟琳學院（St. Catharine's College）建築群如小鳥依人般地緊靠在氣勢宏偉的國王學院旁邊，被打趣為「國王的小老婆」。照片提供／桑傑

究學者等也都有一座學院內的身分。學院的院士們，走出學院外，很可能就是某某科系的系主任或是某某實驗室的主持人，但是回到學院內，外頭的一切都被打破，他們通常都有院士的榮譽身分（Fellow），必須在學院內擔任導師（Tutor）、學院內部課程的講師（Lecturer）或肩負其他行政工作。而院士當中，又會有少數權力更大的叫做高級院士（Don），名稱源於拉丁語的「主宰」（Dominus）。不難想像吧？學院除了家的色彩濃厚之外，更像一個集合滿各類專才的知識分享場所。

時間回到十八世紀之前的劍橋大學，創立於當時的學院們，多為培養英國的王室人才及宗教領導人而設。由王室協助創立的學院就有四所，包括亨利六世在1441出資建立的國王學院、他的皇后瑪格麗特在1448年建立的皇后學院，以及亨利八世（Henry VIII， 1491-1547）在1546年建立的三一學院。

有些學院則同時擁有濃厚的政治和宗教色彩，這得說到亨利八世與羅馬教皇決裂，在1534年宣布脫離天主教，創建英國國教（Anglican Church），並開始對天主教會進行鋪天蓋地的斬草除根行動，包括他廢除了修道院制度，解散所有天主教修道院，而當時位在劍橋的幾間大型修道院，也都在王室的操作下，成了劍橋大學的學院，包括艾曼紐學院（Emmanuel College）、撒賽克斯學院（Sussex College）、摩德琳學院（Magdalene College）等。

至於擁有濃厚宗教背景的學院，有些是由主教創立，比如劍橋大學的創始學院彼德學院，就是由愛德華一世特許雨果·鮑爾舍姆（Hugo de Balsham）主教建來收留從牛津大學默頓學院（Merton College）躲避地方衝突而逃來的學者。有的學院則從名字上就不難看出和聖經、教會或聖徒有關，比如基督聖體學院（Corpus Christi College）就是由教會所創。另外，聖凱瑟琳學院（St. Catharine's College）的名稱是紀念為守護教育信念而就義的女聖徒凱瑟琳，不過，因為規模不大的凱瑟琳學院建築群如小鳥依人般地緊靠在氣勢宏偉的國王學院旁邊，因此也很多人笑稱她是「國王的小老婆」。

家一樣的學院生活
A Place Like Home

身為一個研究生，想當然爾在自己的科系內有一個指導教授（Supervisor），不過，在學院內我也有一位導師（Tutor）。學院會盡可能安排專業領域有所關聯的師生成為導生關係，比如我在學院內的導師雖然是一位化學系的正妹教授，但是她曾經協助過BBC做了很多科學教育節目多年，院方在探查新生底細時發現了我的電視新聞背景，就把我分配為她的導生，這確實比我在系館內和指導教授討論完歐盟各國資源分配不均的議題後，回到學院還要再遇到一個政治系或經濟系的老傢伙當我的導師來得有趣多了。

另外，有的學院還會為大學部的學生安排所謂的學習指導員（Director of studies），這些指導員可能是老師，也可能是研究生。我也被安排為一位經濟系中東學生的學習指導員，不過，他多次在我的臉書上肉搜出許多美女主播同業並熱情寄送交友邀請後，我便把他給封鎖了。

若是歷史較為悠久的學院，學院本體建築多為創始時就有的古老建築，但各學院在劍橋地區也都興建不少嶄新的學生宿舍，一般來說，大學部學生及地位崇高的學者、教授們住在學院內的老建築，研究生則分配在學院外的新建築宿舍。新建築多半外觀時尚，住起來舒服非常，沒什麼好討論，但我有幸在開學前提早到劍橋大學語言中心參加學術英文訓練時，得以有兩個月時間住在彼德學院內八百年的古老宿舍內，體驗過那股穿越時空般的浪漫。

即使這些古老建築宿舍內部早已改為摩登舒適的現代裝潢，廚房、浴廁等都在設計師的精心規畫及專業人員維護下讓學生沐浴在現代科技的環繞中，建築的整體結構仍然被維持為舊時模樣，迴轉樓梯、拱門圓窗，處處是思古幽情，尤其傍晚時分，漫步在斜陽光影交錯的宿舍長道上，經過夜來香

右上 剛邁過500歲的聖約翰學院，如同穿越時空一樣的迴廊，步步是思古幽情，是許多知名電影的取景地。照片提供／Harry Hsu

左上 劍橋大學的各學院就是學生在劍橋的家，圖為我所屬的彼德學院後方花園，環繞草皮的古老建築仍維持八百年前的舊時模樣，內部早已是設備新穎的學生宿舍。照片提供／Harry Hsu

左中 學院內交誼廳上常常掛著學院成員們生活中的滴滴點點。照片提供／Harry Hsu

左下 白鴿洞（Pigeon Hole）是學生在學院內的信箱，多為長條狀設計，有的縱向、有的橫排，洞旁寫著洞主的名字。照片提供／Jim Tang

縈繞的花園，再轉進另一個迴廊，空氣裡飄散的是木質地板散發的特有幽香，石牆上的壁燈一盞盞亮起，恍神之間，真叫人不知穿越於何時何地。

學院內的生活點滴

至於學生在學院內的休閒生活，可以從大學部交誼廳（Junior Combination Room）、研究生交誼廳（Middle Common Room），以及供教授及高級學者、院士使用的高級交誼廳（Senior Common Room）說起。雖然各學院都有各式各樣的球場、酒吧等可以打發時間，不過很多學生還是喜歡待在交誼廳內。刷卡進來，牆上掛的一幅幅是歷屆學生的合照，以及學院之間各項智力、體育賽事的得獎榮耀紀錄，娛樂設施和美酒佳釀更是應有盡有，從廚房裡琳瑯滿目的吃喝零食到各式各樣的電玩設備，都是學院成員人人可以享受的福利。

交誼廳內，最有趣的就是牆壁上的白鴿洞（Pigeon Hole）了，這其實是學生在學院內的信箱，多為長條狀的設計，有的縱向、有的橫排，每洞旁都寫著洞主的名字，除了外來郵件外，院方有任何要通知學生的信件等也都會放在洞內。有的白鴿洞也會直接設在守衛室（Porter's Lodge），它們位在每座學院的正門旁邊，是學院的保安辦公室，也是和學生們關係最密切的地方之一，二十四小時有保安大叔輪值，負責照顧學生們的安危，甚至有的還包管學院內大小雜事，比如幫學生籌畫派對。

夜座學院大門關閉後，學生要進出就必須通過大叔們的辦公室，他們多為退休的警務人員，也不乏金盆洗手的幫派人士，多半個性外向幽默，喜歡捉弄學生，彼德學院的一位高胖守衛大叔，就和我成了忘年之交，我一般不會想起他的真實名字，我在本書第一章就提到，從我認識他的第一天起，他就逼迫我叫他海格，那個在霍格華茲與哈利波特最要好、負責動物學課程的半巨人教授名字。

魔法世界的長桌晚宴
The Magical Formal Hall

向晚的劍橋學城，天色一暗，街旁的宮燈一盞盞亮起，總可看到一位位穿著各色晚禮服、盛裝打扮的美麗女孩，挽著身旁西裝革履男士的手臂，一對對走進學院大門內，這樣的一幕，幾百年來不曾變過，已經是劍橋大學獨特的風景之一。

源自劍橋和牛津兩所大學的正式晚宴傳統，在哈利波特的故事中，為了小說的張力，作者把四個競爭激烈的學院擺在一起舉行正式晚宴，而實際上，正式晚宴是每座學院內部的事情，不可能合併舉辦。有的學院每週舉辦一次，有的學院每週舉辦二到三次，學院飯廳（Dining Hall）會在長桌上鋪上各種顏色的布，擺上花朵、點上燭光。

盛裝打扮的學生必須在門口接受檢驗，服裝不及格或沒有交上一張晚宴票的人不得而入，晚宴票也只有主辦方學院的師生可以購買，各學院規定每人限買張數不同，每人可帶的賓客（Guest）數也不同，賓客大多數是其他學院的學生或來訪劍橋的親友。比較特別的規定是，出席正式晚宴的本學院學生，不論男女，都必須在正式裝束外，再加上一件所有師生在加入劍橋這個大家庭第一天都必須買好的黑色學者袍。

雖然各學院週週都有舉辦正式晚宴，但是要搶得足夠的晚宴票仍然不是容易的事，尤其是如果想要在正式晚宴上辦多人聚會，就得提早進行搶票計畫，比如臺灣學生會的聚會就習慣在不同學院的正式晚宴上進行。我記得2010年秋天一開學，臺灣學生會決定在彼德學院的正式晚宴上舉辦新生歡迎晚餐，報名人數確定後，同屬彼德學院的我及另一位學長就負責主導搶票計畫，因為我兩人是臺灣學生中唯二的彼德學院成員，於是我們努力動用自己在學院內的人脈，終於湊足六十多張票。當晚，有一整條長桌幾乎是被臺灣學生會包下。

不得不遵守的繁文縟節

除了每週舉行的正式晚宴之外，有些晚宴則身負更重要的主題責任，比如聖誕節、感恩節，或是學院本身為慶祝特定事件舉辦的晚宴等，從菜色變化到環境布置都可見到各學院的用心。基本上，正式晚宴的菜色上桌順序會由前餐（Starter）開始，多半是一人一碗湯類或精緻小菜外加新鮮出爐的烤麵包，再來是各學院主廚精心料理的主菜（Main Course），選擇多樣，餐餐不同，除了魚肉的各樣吃法，素食者的需求也不會被忽略。第三樣上來的是甜點，最常見的是布丁和蛋糕，但是各學院的做法不同，口味也被賦予不同的評價，而甜點後的飲品會有茶及咖啡供選擇讓大家暖胃。最後是喝酒的時間，學院基本上在正式晚宴中是不提供酒的，所以學生都會自己帶酒來，有的人則喜歡在喝過茶或咖啡後，一群人鬧哄哄地移步到學院內的酒吧或交誼廳內繼續喝酒。

不過，正式晚宴，可不是只有打扮得光鮮亮麗，進入學院飯廳吃吃喝喝一番這麼簡單，既然源自古老習俗傳統，總免不了有些繁文縟節必須遵守。學生們魚貫進入、將長桌坐滿後，全場勢必是吱吱喳喳吵個沒完，不過，會有一下厚重的「噹」一聲敲鑼聲讓全廳立刻鴉雀無聲，這時候所有人必須起立，目視最前端的高桌區域（High Table），那

上　彼德學院晚宴的特色是不開任何燈光，全靠蠟燭照亮整座宴會廳。照片提供／Harry Hsu

下　遇特殊節慶大事，正式晚宴也會有獨特主題。圖為艾曼紐學院（Emmanuel College）的耶誕晚宴。照片提供／Harry Hsu

裡地板比其他地方高出幾英吋，桌子是橫放的，對了，就是霍格華茲晚宴時鄧不利多校長和其他教授坐的地方。

鐘響後，當晚出席的教授或院士們才會依序從高桌旁的偏門踩著緩慢的步伐進來，坐上高桌的位置。老傢伙們坐好後，學生們跟著坐下，飯廳裡恢復吵雜，不過，沒有多久，其中一位院士一聲吆喝，全場的人又必須起立，接著院士嘰哩咕嚕念一串古老拉丁文，大意是感謝上蒼賜與美味佳餚之類的，結束了這一段之後，全場必須同時說一聲「阿門」，接著高桌上的教授、院士、訪問學者們坐下，學生們再就坐，才是第一道前菜上桌。

知識與知識碰撞的最佳時空

麻煩的還沒結束，大約到上完甜點的時候，那一下震耳欲聾的鑼聲會再響起，這時候全體又得肅立，擔任司儀的院士再度用古老拉丁文咕嚕一通，學生們接著目送高桌上的大人物們魚貫出場後，會從幾下瘋狂的尖叫開始，開啓正式晚宴之後的派對時光。很多劍橋人會用這句話形容這個當下：「貓不在，老鼠就鬧翻天。」（When the cat is away, the mice will play.）有趣的是，這其實也是傳統的一部分，這些教授、學者們想不離開都不行，這些可憐的貓兒，說不定被鑼響逼走的時候，根本肚子就還沒吃飽。

各學院堅守著的還有自己幾百年來不容絲毫改變的獨特規定，比如三一學院從不在長桌上鋪桌布，因為在第一次世界大戰的時候，當時原本醒目的亞麻布就被拿掉了，為的是避免成為德軍的空襲目標；而我所在的彼德學院，恐怕是唯一一個在正式晚宴中只點蠟燭，就連昏暗的燈光都不許亮的學院，不知道是不是彼德學院傳說的鬼故事特別多，院方展現誠意，在每次的正式晚宴也都同時邀請他們同樂有關？還有，為紀念提出物競天擇觀點的生物學家達爾文而創立的達爾文學院，是全劍橋大學唯一一個在正式晚宴中沒有高低桌之分的學院，不知道是不是和猴子、猩猩、人類之間的身高話題有關？

規定數不完，故事無窮盡，不可否認的是，正式晚宴確實是一個交流知識、分享所學的好時機，我相信有很多劍橋人在正式晚宴上看見的，不只是英國文化的點點滴滴，更多的是增廣自己視野的契機，進而養成虛懷若谷的謙卑態度。

學院故事滿天繁星
A Universe of College Tales

說到流傳在劍橋大學各學院的奇聞趣事，那真是多如滿天繁星。以下我就分享幾個比較有名的給大家，就從我自己的彼德學院開始好了。故事要從彼德學院的著名校友－英倫十大詩人之一葛雷（Thomas Gray）說起，話說十八世紀中在學院內擔任教職的葛雷性情極其古怪，十分不好相處，整天擺臭臉，從來沒有得到學生的好人緣。據說他成天抱怨學院內的公共區域太髒，有些學生為了挑釁他，就在正對他房門的樓梯口堆滿了酒罐。這下，神經質的大詩人擔心的不只是環境衛生問題了，他開始夜不安枕，時時擔心這些酒罐會起火燃燒，於是就在自己的房間窗邊以鐵棒和繩索做了一道逃生梯，以備火警發生時逃脫之用。這讓平常喜歡戲弄他的學生們更樂了，有天，他們在半夜大喊失火，葛雷情急之下，迅速跳下床，從自製的逃生繩溜下，沒想到，竟然溜到學生們擺放的大水缸裡。如今三百年過去，當今的彼德人們，仍然會笑著指著葛雷跳下的那扇窗，想像他當時的狼狽模樣。

牛頓的蘋果樹

三一學院最有名的景點之一，恐怕就是大門外那棵觀光客口中曾經掉下蘋果砸到牛頓的蘋果樹了。事實上，雖然牛頓當時所住的宿舍房間離這棵樹不遠，但根據三一學院文獻記載，這棵樹不過是從牛頓家鄉運來的原樹分枝長成的。不過，誰曉得這是否只是三一學院自己搞出來的噱頭？說不定這只是院方從一個荒廢的果園買來種在這裡的呢！因為很多人不知道，其實牛頓家鄉的那棵蘋果樹，老早就「分株滿天下」，根本無從考證株株真假，包括1964年，英國物理研究所將一枝分株贈與日本東京大學植物園；2006年，臺灣宜蘭東區扶輪社也得到一株，隔年移往臺中的武陵農場培育；2009年，牛頓故居伍爾斯索普莊園（Woolsthorpe Manor）也送了一株給中國天

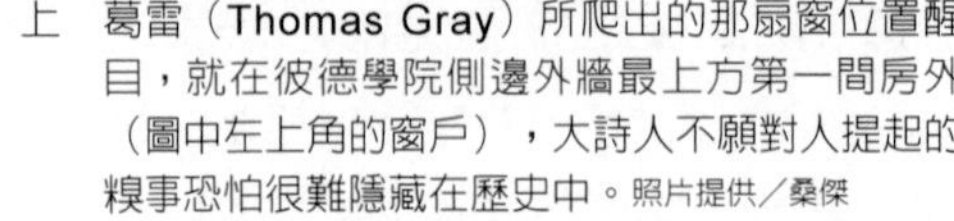

上　葛雷（Thomas Gray）所爬出的那扇窗位置醒目，就在彼德學院側邊外牆最上方第一間房外（圖中左上角的窗戶），大詩人不願對人提起的糗事恐怕很難隱藏在歷史中。照片提供／桑傑

下　三一學院外那棵相傳落下蘋果擊中牛頓腦袋瓜的蘋果樹，其實只是牛頓家鄉運來的原樹分枝培育而成。照片提供／Harry Hsu

上　大詩人拜倫曾經牽了頭熊到三一學院方庭的六角噴水池喝水。照片提供／Harry Hsu

下　三一學院大門上方亨利八世手持的金色節杖，被學生換成椅子腿，院方竟也這樣一直將錯就錯了幾百年。照片提供／Jessamine Lai

津大學；最有趣的是，2010年，英國皇家學會為了慶祝成立350週年，將一截長10公分、刻有牛頓姓名縮寫的分株，送上外太空，唯恐外星人不知道牛頓與蘋果樹的故事。

三一學院的熊和椅子腿傳說

說到流傳在三一學院內的趣聞，大詩人拜倫也有份。據說他在三一學院就讀期間，放蕩不羈、我行我素，讓院方十分頭疼，沒事就以各式各樣的反骨行動挑戰院方權威。有次院方公布了學生不許養狗的規定，讓他十分不以為然，第二天，他就牽著一頭熊出現在學院內的大方庭內，還把那頭熊遷到草皮中央那個文藝復興式的六角噴水池喝水。

再走過方庭，穿過三一學院大門來到學院外牆旁，一尊亨利八世的雕像也總讓人津津樂道，另人不解的是老國王的右手竟然舉著一根椅子腿。其實，他本來握的是一根象徵王室權柄的金色節杖，但雕像完工沒幾天，惡作劇的學生就用現在看到的這根椅子腿取而代之，幾百年來，校方也不以為意，乾脆就持續讓這根椅子腿一起和亨利八世訴說這個有趣的故事，讓三一學院更增添話題性。

劍橋連結中國紫禁城的紐帶

再講到國王學院，所有劍橋大學的華人校友都知道，1920年代，中國詩壇有一位巨擘在這裡遊學，譜出了「輕輕的我走了，正如我輕輕的來；我揮一揮衣袖，不帶走一片雲彩」的醉人詩句。徐志摩的詩作《再別康橋》誕生80週年之際，國王學院在康河畔為他立下了一塊大理石詩碑，碑上有完整的詩文，還表示這塊白色大理石的質地與北京紫禁城內的大理石如出一轍，

左　徐志摩詩作《再別康橋》誕生80週年之際，國王學院在康河畔立下了刻有詩文的大理石詩碑。照片提供／Harry Hsu

右　地理位置偏遠的葛頓學院（Girton College）初創立時，是僅給女性就讀的學院。照片提供／Harry Hsu

寓意是此處乃英國連接中國的紐帶。其實中英兩國的關係，從來都不是詩人的重點，這裡對徐氏而言的重要意義之一，是他遇見了此生最割捨不下的女人——林徽因。《林徽因傳》裡描寫兩人幽會於康河邊的一段：「徽因，在這樣的時候，你最想幹的一件事是什麼？」徐志摩當時這樣問她，當時林徽音沒有回答，只是「微笑不語，伸手摘下一片柳葉，輕輕地銜在嘴上」。說實在話，我覺得這個畫面滑稽無比，而且，在我的印象裡，這附近的柳葉上似乎常常沾上鴿子的排泄物。

謎樣之地——葛頓學院

英國和中國一樣，在古早的年代，女性是沒有權力接受教育的，第一學府劍橋大學自然不在話下。直至1869年，劍橋大學第一座讓女性就讀的學院葛頓學院（Girton College）成立，各學院才開始陸續接收女性學生，如今的葛頓學院已是一座男女生都有的學院，不過，在劍橋待過的人都知道，葛頓學院是劍橋唯一一個座落在郊區外的學院，從市中心搭巴士過去，也要將近一個小時的時間。可想而知，當時的校方為的就是要把男女學生隔開，才把葛頓學院放在距離大學城那麼遙遠的位置。

這麼一處謎樣的所在，我也就拜訪過那麼一回，而且是在離開劍橋的最後一個星期，特意搭乘巴士去的。葛頓學院的建築全都是紅色的，在艷陽下，與蔚藍的天空和綠色草皮形成色彩分明的對比，最叫人忘不了的是學院內的寧靜氣氛，因為大部分的學生為了上課方便，都申請住在大學城內學院名下的其他宿舍，而地理位置偏遠的因素又讓這裡不受觀光客干擾，我與友人躺在學院後花園的草皮上，一句話也懶得講，曬了一整個下午的太陽才搭車回家。

其他有關各學院的有趣故事，很多都和橋有關，比如皇后學院的數學橋、國王學院的國王橋、克萊兒學院的克萊兒橋、聖約翰學院的嘆息橋等，也有不少和看不見的好兄弟有關，比如彼德學院驚動BBC開SNG採訪車來連線報導的古老院士幽魂、西德尼學院從17世紀以來就不斷找尋自己頭顱的革命領袖、還有聖體學院那位如今仍不時現身怒問自己女兒和情人幽會到哪裡去了的頑固老教授鬼魂等（相關故事請參閱本書第六章〈閒話劍橋〉）。

方庭隨想
Court Anecdotes

劍橋大學每座學院都有一片片被四周建築或花園包圍的方庭（Court），鋪上了青翠無比的綠色草皮。圖為彼德學院的主方庭。照片提供／Harry Hsu

劍橋大學的三十一座學院，有三十一種不同的格調，每座學院的禮拜堂敲出的鐘聲也都有各自的味道。如果你在其中的一座學院裡住過一年半載，並不代表你也能夠推論出其他三十座學院的個性。各學院都有一間禮拜堂，但是各自承載了不同程度驗證歷史的責任；各學院都有一間以上的圖書館，各自佔領一片無價的知識寶庫山頭；各學院的宴會廳在數百年下來，在多少次正式晚宴的觥籌交錯之間，誕生了諸多領域各異、改變世界的科學理論；各學院都擁有一座和學院一樣古老的大酒窖，可是即便在同一座學院內，也絕對找不出擁有相同味道的兩瓶酒，因為在這一方走過八百年歷史的大學城裡，即使是路邊的一株野草，大雨過後，她在暖陽下重新挺起腰桿、綻放翠綠的風姿，也都獨特地叫人肅然起敬。

值得一提的是，所有的學院，都有一道相似的景緻，彼此相相呼應。從氣勢宏偉的國王學院、三一學院，到瑰麗精緻的聖凱瑟琳學院、潘布魯克學院，每座學院都有一片片被四周建築或花園包圍的方庭。或大或小的方庭內，都鋪上了青翠無比，隨時維護地一塵不染的綠色草皮，尤其是豔陽高照的好天氣，這一片片被無數歷史故事包圍的綠，亮得簡直就像是油畫一樣。這樣美的天然綠色地毯，學生們是不被允許踩上去的，至於我在前一段提到躺在葛頓學院的草皮上，其實是一個相當錯誤的示範，一來當時的葛頓學院正逢假日，冷冷清清，二來我已在倒數離開劍橋的日子，心裡想著叛逆一下又何妨。

不過，院士是被允許採上草皮的，原來十八世紀以前的院士們是被禁止結婚的，校方如此規定的目的是希望院士們能夠專心研究，這些可憐的學術宅男以學院為家，學院就是他們的一切天地，學於斯、長於斯、教於斯，最後還老於斯、死於斯，說實在話，挺委屈的。為了讓院士們的心理平衡一些，校方和學院便開給了院士們一些學生和校內其他人員享不了的「福利」，其中一項就是可以任意踩踏方庭內的草皮，這項規矩也一直流傳到今天。

其實，院士們應該不會沒事就去草皮上踩上兩腳。可以任意踩草皮的小確幸，真的就能安撫學術宅宅們寂寞的心？我個人是覺得匪夷所思，不過，從實用的角度來看，這樣的規定也很符合情理，劍橋大學來來往往的學生和觀光客那麼多，如果人人都可以隨時在草皮上翩翩起舞，那麼學院如何維持一片片方庭內的整潔和靜謐？

這些一片片春天迎著和風、冬天鋪上白雪的草皮，其實是方庭內經歷一年年四季更替、一幕幕世紀變換的最佳見證人，她們用堅韌的綠，守護著各學院內流傳數百年的故事們，也用彼此無異的綠，與其他學院的方庭草皮相互唱和，為劍橋大學繼續譜寫著早已超越政治、超越種族、超越一切歷史包袱的發展進行式。

即使無法踩上草皮，我仍然喜歡在課後的向晚，與三兩好友捧著在小市場買的手工布丁，坐在各學院草皮旁的矮凳上，等待著入暮時分的禮拜堂鐘聲。就像我在本書序言裡說的，我喜歡聽各學院鐘聲同時響起的聲音，雖然各敲各的調，但飄揚在學城中的這些音頻，交織起來的樂音卻是平衡而協調的，沒有較勁的味道，只有共譜樂章的喜樂。

每到入暮時分，各學院一同敲起鐘聲，雖然各敲各的調，但旋律卻能彼此巧妙地交織融合，平衡而協調。照片提供／洪承宇

各學院早起的晨鐘，敲響的不只是一天的序奏，更是如合奏般地傳遞了「分享與合作」的象徵意義。只可惜我沒聽過幾次，因為我不太選時間太早的課。照片提供／Wilson Chen

第四章

業精於嬉

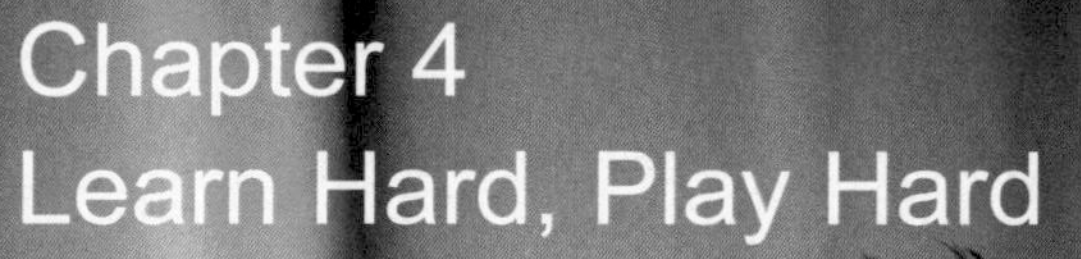

Chapter 4 Learn Hard, Play Hard

從小一路在業餘音樂舞台上長大的我，在擔任劍橋大學華人交響樂團（Cambridge University Chinese Orchestra Society）指揮後，便立誓此後要把時間花在別的事情上。照片提供／CUCOS

在我的生命深處，有兩條重要的記憶長河。

除了康河，另外的那一條叫做黃河，在六歲那年的生日流入我的心裡。

那是我學鋼琴的第一年，父親送了我一片《黃河鋼琴協奏曲》的Tape專輯，主奏者是美國鋼琴家Daniel Epstein。六歲的我，認得出Daniel這個字，因為我參加的芝麻街美語班裡，那個英文爆強的討厭傢伙就叫Daniel。不過，Epstein是什麼碗糕啊？總之，我知道他是個洋鬼子無誤。

父親不會演奏任何樂器，但從西洋古典音樂到國樂，他無疑是個專業級的收藏家，母親則彈得一手好琵琶與古箏，感謝他倆的音樂素養，讓我幼小就有機會認識國樂慣用的五聲音階，另外，祖母每個禮拜天必看的「大陸尋奇」也告訴我，黃河是一條中國的河。這兩件事情，讓小小的我把《黃河鋼琴協奏曲》定位為「中國的音樂」。

但是，一個六歲小朋友心裡不免就產生疑惑了，一個滿頭金毛的外國人怎麼會彈「中國的音樂」？更神奇的是，從主奏的鋼琴，到協奏的交響樂團，沒有一樣樂器是中國的，為什麼可以演奏「中國的音樂」？這樣的梗讓年幼的我感到十分好奇，也很驚嘆，原來音樂可以這樣玩啊！

雖然開始學鋼琴之後，與我開始神交的都是蕭邦、莫扎特（Amadeus Mozart）、貝多芬（Ludwig van Beethoven）、柴可夫斯基（Pyotr Tchaikovsky）等這些洋鬼子音樂家，我接著接觸的第二樣樂器，也是洋鬼子拉的大提琴，但是，就在我六歲生日那晚，這首以東方元素精煉、寫給鋼琴與交響樂團的《黃河鋼琴協奏曲》植入我腦海當下，某種東方音樂的魂魄其實已經開始在我體內發酵，且不斷滋長，直至今日都未曾離開過。

兩渡黃河水
The Yellow River Piano Concerto

一個不小心，我已經變成了一個大學一年級的傢伙，而且是個那種一坐在鋼琴前，蕭邦、貝多芬那些作古的老鬼可以瞬間上身、讓學姊尖叫好帥、讓學長內心問候家人的傢伙。

好死不死的，我的同班同學也出現一位這樣的傢伙，是個港仔，不過，他吸引女生注意的樂器，是連騎著腳踏車都可以背在肩上的二胡，隨時都可以拿出來耍帥獻寶，比我的鋼琴有優勢多了。想當然爾，瑜亮一開始彼此互看不順眼，但沒想到的是，我們之後不但變成同居數年的莫逆之交，我還被他拉到國樂社去，加入了吹管組，主攻笛和笙。後來，他更當上團長，我成了指揮，大三那年，我們更連袂率成功大學國樂團參加全國音樂比賽，以指定曲《鑼鼓操》及自選曲《太行印象》拿下優等第一名的成績。

畢業前的最後一場演奏會，我們演奏了多首協奏曲，包括二胡協奏曲《二泉映月》、梆笛協奏曲《白蛇傳》、柳琴協奏曲《雨後庭院》、中阮協奏曲《雲南回憶》等，我除了替其他主奏者指揮樂團協奏之外，自己也擔綱主奏演出了一首曲子。沒錯，就是《黃河鋼琴協奏曲》，樂團部分使用的是由中國近代音樂大師劉文金從西洋管弦樂團移植到國樂團的協奏譜，我還邀請了上屆指揮學長替我指揮。六歲小腦袋瓜的夢想，竟然得以成真，我終於一探黃河水，一償所願。

畢業後，我參加了臺北市新樂國樂團，這是一個由來自各行各業的團員組成的業餘樂團，大家利用週末時間團練，每年舉辦大小公演及巡迴，以業餘樂團來說，在臺灣頗具知名度。當時的音樂總監暨總指揮是臺北市立國樂團的知名指揮家及二胡演奏家楊英姿老師，進團後我專責打擊樂器，也持續擔任副指揮直到我離開臺灣前往英國為止。

新樂國樂團和成大國樂團一樣，不但帶給了我一群人生旅途上重要的朋友，更各給了我一次下黃河游泳的機會。只記得那是在某個音樂家的生日晚宴上，觥籌交錯、賓主盡歡，一旁的人群笑鬧吵雜，英姿師卻嚴肅與我低語：「你務必好好練，黃河，是五千年的黃河，我知道你不會讓我失望。」接著我立即拜了臺灣演奏黃河的第一把手——知名鋼琴家陳倩芬老師為師。最後在2008年臺北中山堂的公演，英姿師親自替我指揮。

二渡黃河水，我的好運讓很多人羨慕，不過，老天要給我的似乎不只這些。只是我怎麼也沒有想到，竟然是康河的蕩漾柔波，把我又引渡到波濤洶湧的黃河上，讓我此生能有機會三渡黃河水。在臺灣的前兩次是擔綱鋼琴主奏，配合的是國樂團，而在劍橋的那一次則是拿起指揮棒，與另一位鋼琴家合作，配合的是原汁原味的西洋交響樂團。

玩比讀書還帶勁的劍橋人
Cantabs - Learn Hard, Play Even Harder!

劍橋的社團博覽會

成千上萬的人群，全部從劍橋市中心最大片的綠地——派克草原，一路擠到劍橋體育中心去。我用「最大片的綠地」來形容派克草原似乎少了一些美感，不過，平常可以躺著看夕陽的這片大草原，這天確實一點也不浪漫。

這是第一個學期開學後的大日子——社團博覽會（The Societies Fair）的頭一天。其實，世界各地的中學、大學都有這樣的活動，各社團或學生組織，總會在開學後的某段時間一起舉辦招募新血的活動，這對一路玩社團長大、從沒好好念過書的我來說一點也不陌生。不過，劍橋大學的社團集會規模之大還是把我嚇到了，平常寧靜優雅的劍橋，在舉辦社團集會的那段時間，彷彿搖滾之魂上身，歡騰吵鬧到極點。

我從來沒有仔細算過全校到底有多少個社團，不過，單憑走進會場後的目測，把隸屬於大學、各科系、各學院的各類學生團體加起來恐怕有上千。大家使出渾身解數，為的就是讓逛來晃去的新生們能夠在攤位停下多看一眼，比如一位胸前超豐滿、穿著比基尼泳裝的俄羅斯金髮姐姐，肩上披著一條五彩斑斕的球蟒，一路對著路過的男新生們拋媚眼，站在她旁邊的是一個理著龐克頭、穿著吊嘎、渾身肌肉的史瑞克型男生，帶著一個卡通蛇頭套，拿著擴音器告訴你美女身上的那條蛇名叫黛比，「黛比只有兩歲喔，」史瑞克男說，「黛比還有一群性感的姊妹淘等你來參加她們的Party喔！」我並不怕蛇，不過並不打算在劍橋的日子讓自己與蛇為伍，但還是留下了我的資料，為的是收到黛比和她姊妹淘們的活動邀約，想看看她們會搞什麼樣的名堂。

直通世界政壇的演辯社

黛比再性感，恐怕也不能讓養蛇社成為人氣最旺的攤位。說到搶盡目光，不得不說就連想加入都要經過嚴格審核的劍橋大學學生聯合會（The

左　社團博覽會（The Societies Fair），是劍橋大學全年最沸騰的日子之一。照片提供／Jim Tang

右　劍橋大學演辯社是誕生國際政經菁英的搖籃之一。演辯社對外的活動也多與政治、經濟、國際關係之類的話題有關。照片提供／Jim Tang

Cambridge Union Society），可不只是一個學生組織那麼簡單，更多的人直呼這裡是劍橋的演辯社。世界上的每一個大學都有演辯社，劍橋大學的這個演辯社也一樣，隨時端上熱騰騰的話題，讓菁英們時時爭得劍拔弩張、面紅耳赤，甚至隨時都有遠從世界各地來的各界好手，藉著來劍橋進行各種學術參訪活動之際，與劍橋人們在這裡動口不動手。

在這裡留下足跡的，包括英國兩位前首相勞合喬治（David Lloyd George）、邱吉爾（Winston Churchill），美國兩位前總統羅斯福（Franklin Delano Roosevelt）、雷根（Ronald Wilson Reagan），德國前總理科爾（Helmut Kohl），還有印度首任總理尼赫魯（Jawaharlal Nehru），以及達賴喇嘛、多位諾貝爾獎得主和影壇明星等。2011年大開禁忌話題，學生聯合會更邀請英國首位女性色情片導演史密斯（Anna Arrowsmith）、由女演員轉行當牧師的露本（Sherry Lubben），以及由教師轉行拍色情片的男演員安格萊斯（Johnnny Anglais），來和各界好手一辯色情行業與公眾之間的關係，展現了無所不辯的宗旨。

和其他學校的演辯社不同的是，從1815年創社來，劍橋學生聯合會可說是直通英國或歐盟國家政壇的捷徑。漸漸的，這項傳統也從政壇擴散到其他領域，除了許多政黨會來這裡網羅優秀人才之外，各大知名企業也會每年來這裡招兵買馬，許多演辯社的優秀成員，往往在畢業之前，就已經在政壇或商界牢牢地卡好了位。甚至在之後成立的牛津大學聯合會（The Oxford Union Society）和耶魯大學政治聯合會（The Yale Political Union），也都延續劍橋學生聯合會的模式，成了培育世界菁英的搖籃。

英國喜劇的心臟

政治舞台的話題太嚴肅，我們接著來聊聊戲劇舞台好了。劍橋大學的戲劇藝術相關社團各有千秋，比如跨學院的馬洛戲劇社（The Marlowe Society），每年必定從校外特聘專業人員指導社員演出莎士比亞作品，自該社從1955年成立以來從不間斷。聖約翰學院的瑪格麗特夫人劇社（The Lady Margaret Players）也相當有名，它獨有的劇場空間是12世紀一位有錢商人特別建造的石造建築，也是聖約翰學院裡一處著名古蹟。更不能不提的是所有劍橋人都一定知道的腳光劇團（The Cambridge Footlights），1883年由一群喜歡搞笑的劍橋學生所創，一百多年來培養出英國喜劇史上無數優秀的的喜劇演員、導演、編劇。

腳光劇團的大本營是劍橋的ADC（Amateur Dramatic Club）劇院，每一年上演四場類型不同的大型演出：默劇（The pantomime）、喜劇節（The new comedy festival）、春季劇（The spring revue）以及夏季巡演（The national tour in summer/The Summer Revue/May Week Revue）。此外，除了每年八月北上蘇格蘭參加舉世聞名的愛丁堡藝穗節（Edinburgh Festival Fringe）外，他們最出名的其實還是在劍橋大學城裡，每隔週的週二晚上於ADC劇院呈現的小型原創演出，結合時事、極盡諷刺的內容，搞笑到極點。其實，腳光劇團成立後的初期，校方和外界都認為這裡只是一群孩子在頑皮胡鬧，但沒想到隨著時間演進，這群有心人漸漸開始關注社會弊端、力求改革，更在戲劇裡放進了劍橋學生對自由崇尚的態度，到80年代後，腳光劇團甚至被譽為「英國喜劇的心臟」。

劍橋各學院和跨學院的大大小小戲劇組織加起來，上百個恐怕跑不掉。有的人參加純粹是為了個人愛好，想學演戲、導戲，有的人自己不參與任何演出活動，但卻愛看戲，參加的目的是拿到便宜的票。更有人是參加了劇團，管你念的是醫學系、數學系，還是教育系，一不小心就此走上了戲劇這條路。放眼望去，當今英國國家劇院、蘇格蘭歌劇院以及皇家沙士比亞劇院裡的多位著名演員、導演們，都出身劍橋校園裡的劇團。最出名的例子還是伊莉莎白女皇的小兒子愛德華（Edward Antony Richard Louis）了，他念的是歷史和考古雙修，卻整天泡在ADC劇院裡，本來個性就放蕩不羈的這位怪咖王子，在劍橋大學的歲月整天就是想著怎麼樣創造出怪誕的喜劇愚弄世人，生活快樂無比，不過畢業後進入軍隊，遠離戲劇生活的他就鬱鬱寡歡，幾乎得了憂鬱症，終於在1988年，他和父母攤牌，最終離開軍職，再回到讓他如魚得水的戲劇界，至此後繼續他愉快的喜劇人生。

允文更須允武

另外，為了應付龐大的學業、研究壓力，劍橋大學的學生大部分都有良好的運動習慣，換句話說，這裡多的是允文允武的傢伙。各學院自然都有板球、足球、壘球、桌球、籃球等各項體育俱樂部讓大家揮汗如雨、以球會友，我自己加入的則是彼德學院的溜冰社，不過，可不要幻想我們可以在康河上溜冰，這樣會被警察抓去關起來的。我們有時候在劍橋的溜冰場溜冰，有時候也會到倫敦，體力多一些的人還會呼朋引伴打上幾球冰上曲棍，但大部分的人多還是屬於玩樂層級，如果想擠身能夠代表學院、科系，甚至學校參加比賽的話，可得經過非人的訓練和考核才行。

酷到不行的還有與死對頭牛津大學學生每年一起辦的「代表隊旅行」（Varsity Trip），雖為「代表隊」，但絕對不需要什麼考試，只要你是劍橋或牛津的學生都可以參加。我用「酷到不行」來形容是一點都不為過的，因為數百名牛津與劍橋的學生，每年冬天，會一起來到世界上最知名的滑雪場之一，包括被29座山峰環抱的策爾馬特（Zermatt）、舉辦過兩次冬澳的聖莫裡茲（St. Moritz）、歐洲皇室御用滑雪場達沃斯（Davos）、擁有世界上最大的纜車和滑道的查默尼克斯（Chamonix）等，將整個山頭包下來，白天滑雪、晚上派對，瘋狂整整一個禮拜。這個活動從1920年代開始舉行至今，每年一次，不曾間斷過。光是和全世界最聰明的一大群人一起划一整個禮拜的雪就已經夠酷了，這個活動吸引人的點還包括每年會請知名DJ、歌手、樂團一起同樂，包括來自蘇格蘭的電音金童哈里斯（Calvin Harris）、近年叱吒國際的團體追逐狀態（Chase & Status）、凱蒂B（Katy B）和根基樂團（Rudimental）等，都是近年的座上賓。

最不能不提的當然就是划艇俱樂部了。劍橋與牛津兩所大學的各學院都有自己的划艇俱樂部，每座學院的休憩室內，牆上必定會出現的一定有歷年來划艇活動的戰績相關紀錄照片，一座座獎盃、獎牌，以及直接被掛在牆上當作裝飾的紀念性船槳，這些都說明了該活動是多麼受到重視的一項傳統。當然，各學院內的划艇俱樂部成員，也分純粹為興趣而來玩耍的以及為學院出賽的隊員，後者的身分十分貴重，卻也得受嚴苛的訓練，而全劍橋最菁英的划艇隊員，更是從各學院裡萬中選一，每年全校只有9個人，可以在倫敦泰晤士河上與「那一邊」的九位牛津大學代表一決高下，從自1829年兩校的第一戰開始開始，至今已經不只是兩校之間的交流，更是全英國的大事，兩隊由派特尼橋（Putney Bridge）逆流而上對峙到至莫特萊克鎮（Mortlake），賽程全長四英哩半。（關於牛劍划艇賽的詳細內容，可以參閱本書第五章〈血濃於水〉）。

學生團體多如繁星

以上所介紹的社團及活動，僅是劍橋學城中的冰山一角。其實，劍橋大學的各類社團、學生活動團體，多如天上繁星，除了上面介紹的藝術活動、體育賽事類，以及實際與政治、金融、產業、學術圈掛上鉤的學生團體，更還有許多宗教類的、奉行特定思想或主義類的、民俗文化類的、科學研究類的等。有趣的現象是，有的社團受到注意的原因是其古怪的名稱或宗旨，「探尋劍橋鬼影」、「讓實驗室變夜店」之類的還不算特別奇怪，比如「研究劍橋的螞蟻如何干擾院士」、「探討不堪的童年回憶」之類的社團組織，也真的叫人大開眼界。

同鄉學生的聯誼方面，包括臺灣和香港都各有學生會組織，而中國大陸學生更有規模龐大的中國學者聯誼會，每年農曆過年在校內盛大舉辦「劍橋春晚」（劍橋大學華人跨年春節晚會），除了中國駐英國大使及若干官員絕對不缺席外，北京中南海的許多高官，甚至企業家、知名藝人們，也都會不忘即時連線，或錄上一段問候劍橋人新年快樂的影片，在「劍橋春晚」上向全場說Hello，因為，從政治、科學、企業、金融以及其他各學術領域，劍橋的這群人都是要回國「接班」的啊！而各校友會組織，在劍橋更是形成幫派態勢，尤其像是牛津大學、麻省理工學院、哈佛大學、北京大學、清華大學等世界知名學府，多的是來到劍橋進一步深造的優秀學生，這些人在劍橋自然連成一氣，從學術研究到職涯發展都彼此互助照應。

ADC劇院（Amateur Dramatic Club）是劍橋大學腳光劇團（The Cambridge Footlights）的大本營，該劇團被譽為「英國喜劇的心臟」。照片提供／Jessamine Lai

劍橋大學每個學院都有自己的划艇俱樂部，每年更有全校萬中選一的9位英雄，可以在倫敦泰唔士河（River Thames）上與「那一邊」的九位牛津大學代表一決高下。照片提供／Justin Chu

臺灣學生會一解鄉愁的方式，包括每年舉辦溫馨的臺灣小吃節，一起動手懷念故鄉的美食滋味，雖然沒有媽媽做得好吃，但在連食材都難取得的情況下，真的已屬不易。照片提供／Justin Chu

當黃河與康河交會
When Yellow River Meets River Cam

我在劍橋的歲月，花在音樂上的時間遠比系上課堂還多，翹課是家常便飯。照片提供／CUCOS

音樂社團，當然要單獨成篇，至少對我而言必須如此。

劍橋的管弦絲竹

一個劍橋，多個世界，從劍橋大街小巷處處貼滿各式各樣音樂會的海報、宣傳單上就能知道，劍橋大學的管弦絲竹，可謂是從無安寧之日。交響樂團、合唱團、搖滾音樂社、爵士樂團、口琴隊、室內樂、藍調音樂社等，有隸屬於學院、科系的，也有跨學院、研究單位的，今天是我的演出，明天換你登台，而喜歡參加音樂會的人，不論你的目的是認真誠懇地喜歡音樂、想認識氣質帥哥美女、打發時間，還是要到音樂會現場社交應酬，有心的人，劍橋大學數百個音樂社團，絕對讓你在一年365天都能參加大大小小的演奏會殺時間。

身為劍橋大學音樂團體裡的一分子，享有諸多好處，其中最讓人津津樂道之一的就是旅遊機會，比如許多學院的合唱團，足跡訪遍歐洲各大教堂，以演唱之名行旅行之實，其中最出名的國王學院合唱團及聖約翰學院合唱團，更是不斷上節目、出唱片，全球飛透透，至於這些成員都得是教徒嗎？「哈哈哈，你想太多了，我們都是為了唱歌和到處玩來參加的啦！」一位在聖約翰學院參加合唱團的友人這樣告訴我。

再者，除了可以到處玩之外，還有填補荷包的機會，不過，這可得搶著先機。從大學層級上的，到許多學院各自大門內都設有許多鼓勵音樂人才的獎學金，如果特別擅長於某樣樂器即可申請，但你必須得在開學前先發制人，先搶先贏。不過，拿了銀兩可不能閒著，這些人必須參加大學或學院內某些特定的室內樂團，為公服務，團練不得隨意缺席，有的獎學金要求更精細明確，比如為某學院禮拜堂不定次數的早禱或晚禱儀式司琴。

不過，在五花八門的音樂社團中，最熱鬧的莫過於交響樂團了。一般的大學，都會有一個交響樂團，以臺灣的臺灣大學和成功大學為例，可能再多一個醫學系學生組成的樂團，加起來全校不過就兩、三個團。不過劍橋大學的管弦樂團、交響樂團數量，說起來會嚇死人，光是官方登記的就有好幾十個，從大學層級的到以學院、科系為單位組成的，日日夜夜把劍橋大學城吵個沒完。即使這些參加交響樂團的學生大多不是音樂科系出身，這些樂團良好的水準，仍然常常吸引許多國際知名的演奏家來合作演出。或許這些在各領域有所專精的劍橋學子，也都能夠認真面對「業餘」的音樂喜好，對團體裡的自己嚴格要求，自然成就了樂團整體的良好水準吧！包括劍橋大學交響樂團（Cambridge University Symphony Orchestra，CUSO）、劍橋大學音樂學會樂團（Cambridge University Music Society，CUMS）、劍橋大學愛樂交響樂團（University of Cambridge Philharmonic Orchestra， UCPO）、劍橋大學室內樂團（Cambridge University

Chamber Orchestra， CUCO），以及劍橋大學華人交響樂團（Cambridge University Chinese Orchestra Society， CUCOS）等，都是受到矚目的音樂團體。

初遇劍橋大學華人交響樂團

回歸正題，「黃河」是怎麼樣和「康河」交會的？回到社團博覽會的頭一天，我帶著像是逛菜市場般的心情，來到人山人海的現場，老實說，我並不打算參加任何社團，來劍橋一開始的初衷，真的只是想好好念書，我怎麼樣都想不到，到最後，許多商學研究所的班上同學都常開玩笑，說我是半個音樂系的學生。

來到劍橋華人交響樂團的攤位，不難想見這是個在氣勢上勝過左右周遭攤位的大社團，其實這在臺灣也一樣，管樂社、弦樂團、國樂社，這些社團，人多勢衆，吵吵鬧鬧，再加上把一堆打擊樂器帶到現場，鑼鼓喧騰，很難不讓其他附近社團相形失色，如果再找個細肩帶小提琴正妹來上一首超炫技的《查爾達斯舞曲》（*Csárdás*），更會讓左右社團敢怒不敢言，只能白眼兼自嘆。

而劍橋華人交響樂團，更是再内分為中西兩團，西樂團是一般交響樂團編制；華樂團則是所謂的民族管弦樂團，即如今所謂的國樂團，演奏的是原汁原味的東方樂器及音樂。値得一提的是，即便是西樂團的部分，在演奏會上的選曲也以東方特色的作品為主。而華樂團的成員，亦幾乎個個有西樂基礎，舉例來說，不管是拉二胡的、彈琵琶的、吹梆笛的，人人不是另外又彈得一手好鋼琴，就是小提琴拉得一把罩。雖然全團團員以華人為最大比例，但大部分的人還是聽不懂中文的，因此除了團練中使用的語言是英文外，大家共通的語言除了音樂，沒有別的。

在這裡，更能感受到音樂無國界。我記得當天的招生攤位上，他們祭出的是韓國歐巴搭配法國女郎，兩人一人一把小提琴，不斷重複演奏梁祝雙小提琴協奏曲中雙主奏裡最扣人心弦的「化蝶」片段，矯揉造作之極，卻也實在叫人感動不已。尤其那位法國美女，一頭金色秀髮挽起，戴上一支鑲了兩隻銀色蝴蝶的步搖，雙目緊閉，眉頭微皺，琴弓來來去去，真的彷彿她就是

①劍橋華人交響樂團內的中西樂兩部都有來自各國的團員，圖中的低音大提琴首席就是一位來自化學系的教授。照片提供／CUCOS

②劍橋大學交響樂團的華樂部，在西方世界肩負傳遞東方音樂文化使命，但畢竟資源缺乏，我們能做的就是盡量「彌補」，比如用大提琴來演奏低音胡琴的部分。照片提供／CUCOS

③劍橋大學華人交響樂團的西樂部，非華人團員佔極高比例，體現了更大程度的音樂無國界。照片提供／CUCOS

祝英台轉世似的，悠悠地跨越時空，告訴你她幾百年前經歷過的故事。

老實說，能夠在這裡遇到一個這樣的樂團，我非常激動。在臺灣，從小學到大學，中樂與西樂社團向來壁壘分明，幾乎不會有任何對話，頂多就是在國樂團拉革胡的同學，會突然缺席幾次團練，然後拎著大提琴突然出現在管弦樂團的發表會上，在舞台上狡獪地向台下的國樂團同學眨眨眼。

劍橋大學華人交響樂團的成立宗旨卻讓我相當感動。我自己是西樂出身的，自幼學習鋼琴和大提琴，尤其鋼琴更是一路彈到長大，卻從大學開始一頭栽進國樂社，拿起指揮棒，而進入職場後，也繼續在業餘國樂團擔任指揮工作，直到我離開臺灣為止。有幸前後經過東西方不同的音樂文化薰陶，我明白自己心裡面有一條涓涓細流，既有東方的典雅氣韻，也有西方的瑰麗風貌，而當我來到這個攤位前，我便知道這灣小河有機會可以匯流成一條大江，甚至注入大海。

但我仍沒有透露自己擔任過指揮的經歷，老實說，從校園到出社會工作，我從來都沒有離開過樂團的生活，指揮的經驗我已經有些倦了，我實在很想好好地練琴。我思索著或許能藉著在這裡團練的機會好好地把二胡和大提琴都操一操。不過，劍橋大學商學系的龐大壓力在校內是極有名的，我記得剛來劍橋時，不少臺灣學長姊都這樣告誡：「你要有心理準備喔！以往臺灣同鄉會聚會活動，商學系的同學只會在開學時間的那幾次出現，之後就通通會消失，不知去向，因為個個都被埋死在考卷和報告裡，呵呵！」想到這裡，我的背脊涼了一下，最後在樂器志願表上還是填上了相對輕鬆的打擊樂器。

爆出以下的梗，或者說戳破這層黑幕，我可能哪一天會不小心消失在這個世界上。為了自身安全起見，我想，我還是說說我聽過的一個神話故事就好了，既然是神話，大家就不妨聽之，無須去求證是非真假，以保留神話本身的美感。據說普天下的樂團裡都有一個謎一般的打擊樂器組，組員裡面，表現欲強一點的，會爭取到顯眼一些的樂器，比如定音鼓，而其他組員，很多便如仙人般來無影去無蹤，不知樂團整學期的團練規劃為何物，逍遙自在，遊走於樂團以外的世界，只在音樂會或比賽的前幾次出現，撿些簡單的樂器，過過上台的癮，這些人常常「忘記」交團費，一忘就是一整個學期，第二個學期還是繼續忘，常常會被認真的團員暗罵，但是樂團又不能沒有他們，因此該組常常也不小心成為偷懶的最佳去處。我心裡暗想，以前手上拿著指揮棒的時候，我不得不帶頭痛批這些角色，如今角色互換，倘若未來的學業壓力太大，這回就讓我遠遠地在待英國，拎著小巧可愛的三角鐵，躲在舞台邊緣沒人看到的暗角偷偷懶吧。

破了誓言

留了資料，我片刻也沒多留就離開了他們的攤位，但我知道，自己已經破了當初立下的誓，好好念書？我自己也沒有這樣的自信。雖說如此，開學後分別還是接到了華樂部和西樂部的團練通知，我卻都沒有去，原因當然不是我被繁重的課業壓得喘不了氣，而是其他各式各樣的活動早已把我吸得遠遠的，甚至開學還不到一個月，倫敦的大街小巷也幾乎都已被我踩遍了。

真正把我拉回華人交響樂團的，是一張西樂部貼出的告示，他們要應徵《黃河鋼琴協奏曲》的鋼琴主奏者，這實在讓我的心太癢了。黃河，我在22歲那年彈了第一次，是在成功大學的畢業演奏會上，由國樂社的同學替我協奏，第二次是四年之後，由臺北市新樂國樂團替我協奏，指揮的還是臺北市立國樂團的指揮家楊英姿老師。但黃河這首曲子原來就是為鋼琴與西洋交響樂團而寫，國樂團協奏的部分是改編移植的，雖兩渡黃河水已十足過癮，我仍然覺得這樣的記憶不完整，「有機會讓西樂團替我協奏，為何不去一試？而且還是享譽世界的劍橋大學華人交響樂團，我為何不爭取看看？」當然，我想要，別人也想要，這裡是劍橋，可不是要什麼有就有什麼。果然，即使努力準備，我也只在徵選賽裡拿到第二名，敗給一位從紐西蘭來的華裔醫學生。

「好吧，一切都是命，黃河是他的了，我其實應該滿足了，大概也沒多少人一輩子能有機會彈上兩次黃河，我不該這麼貪心，還想要第三次。哈利啊，你還是好好念書吧。」我這樣安慰自己。不過，這個打擊讓我也沮喪了一小段時間，我斷了以任何樂器參加團練的意志，把借來的胡琴和大提琴都還給了住在倫敦的好友，連拿著三角鐵躲在舞台暗角偷懶的邪惡小計畫也放棄掉了。

重拾指揮棒

不過，命運可不由得我這麼做，我和交響樂團的緣分並沒有因此斬斷。隔沒幾天，華樂部的部長艾達打了電話給我，一開始我還以為黃河主奏徵選出現變數，不過頓時又納悶，黃河是西樂部演的，怎麼會是華樂部的人聯繫我？「你能不能來當我們的指揮？所有的人都很期待你來。」這個學化學的大四小女生口條明快犀利，氣場一時叫人難以反駁。咦，不對，我壓根沒有提到我擔任指揮的過去啊，而且所有的人都期待我來又是怎麼回事？「拜估狗大神之賜啦，呵呵！」原來如此，但是原來的指揮哪裡去了？「他找到了年薪不可告人的工作，休學去了。」喔，明白又理解，這在劍橋其實也不是罕見的事。就這樣，我便重操舊業，重拾指揮棒。

萬萬想不到的是，老天爺的安排不只如此。開始在華樂部擔任指揮工作後，我常常耳聞西樂部團練不順的狀況，尤其在《黃河鋼琴協奏曲》的部分，德國籍的指揮不僅與那位紐西蘭華裔主奏及其他團員溝通欠佳，更常常在團練前臨時請假。說實在話，如《黃河鋼琴協奏曲》這樣充斥東方思想的曲目，我並不確定那位德籍指揮能夠在短時間內輕易掌握到其中精隨。我其實對黃河算是很熟的，「也許我可以去看看他們的團練，給點意見？」我常常這樣問自己，卻又覺得沒有必要，萬一拿捏不妥當，影響到人家的團結度就不好了，「你還是乖乖帶華樂部吧，黃河，這輩子不會再關你的事，雞婆哈利！」好吧，自己都罵自己雞婆了，那我還糾結什麼？

哈利，我們只有你了
Harry, You Are All We Have

同時兼任劍橋大學華人交響樂團中西兩個樂部的指揮真是件極苦的差事，包括每個星期都得花比之前多一倍的時間來樂團，除了隨時要監督各聲部練習外，每週例行的大團練，華樂部和西樂部就都各有一次。照片提供／CUCOS

距離公演只剩下半年，西樂部的團長雪莉，在某次華樂部團練後的時間出現在團練室，一臉嚴肅，「哈利，我們只有你了。」念博士班的雪莉，說起話來溫溫柔柔的，卻充滿一股堅韌的說服力，與艾達明快的風格全然不同，「那位德國籍指揮寄了一封群組信件給西樂部所有幹部，之後就沒有人聯繫得到他了。」我還沒來得及插話，另一個人推門進來了，「哈利，拜託你幫忙了。」是在徵選主奏賽上把我幹掉的那位華裔醫學生陳約翰。

華樂部所有人都陸續收完樂器離開了，雪莉、約翰、我和艾達，四個人留了下來聊到快天亮。其實，在雪莉開口對我說頭一句話的時候，我就已經猜到

有幸在劍橋大學最著名的交響樂團之一——劍橋大學華人交響樂團擔任指揮，在帶領這些背景不同的優秀演奏者團練過程中，我從團員們身上學到的東西遠超過自己所預期的，包括對待音樂的態度。照片提供／CUCOS

發生了什麼事，而且在心裡就答應了她。不答應的話，我是傻瓜，是不是？

音樂無國界

必然的，同時兼任中西兩個樂部的指揮還真得是件極苦的差事。首先，我每個星期都得花比之前多一倍的時間來樂團，華樂部團練一次、西樂部團練一次。再者，雖然兩個樂部都得用英文團練，但在西樂部，面對比例更高的非華人團員，怎麼樣傳遞出詮釋較東方哲思的音樂意境，確實是很有趣的挑戰，比如《黃河鋼琴協奏曲》第三樂章《黃水謠》開頭長笛獨奏的那段引子，其實是非常典型的陝北調子，那種韻味，有接觸過東方音樂的演奏者多少都能掌握一些，但是對於從小都在莫扎特、蕭邦、馬勒（Gurtav Mahler）這些人環繞長大的西方笛手來說，要他們去想像黃土高原上北風呼呼畫面或者大漠歌謠裡的故事性，恐怕不是簡單任務。

年度演奏會在即，既然有時間壓力，那麼，就模仿吧！我準備了不同版本的演奏專輯給這些非華人的團員參考，他們不愧是劍橋學生，即使不是念音樂系的，有的甚至琴齡不到兩、三年，但卻都有微妙微俏的模仿功力，而更讓我覺得感動的是合奏的氛圍。劍橋大學城是一個非常奇妙的地方，這裡充斥著來自世界各地的天才學生，但是，從小鎮的街上到各學院的任一角隅，分享的氣氛總是遠遠多餘較勁，換句話說，這些常勝將軍們個個過關斬將後來到這裡，卻沒有人不被這裡的特殊氛圍所感動，大部分的人都能收起不必要的鋒芒，去欣賞他人的美好，或者把自己的最精采處也化為整個大風

圖為劍橋華人交響樂團西樂部團練情形。向國籍多元的團員們解釋中國元素的音樂主題，是我覺得最挑戰、也最有意思的部分，比如《黃河鋼琴協奏曲》的陝北音樂元素或《梁祝小提琴協奏曲》的崑曲因子。照片提供／CUCOS

景的一部分。在交響樂團的團練上亦如是。

我站在指揮台上，眼前五十多雙眼睛，有個是黑色的、有的是褐色的，更有的是藍色、綠色，或其他顏色。這些人都很敬業地在來團練之前，就已經把自己的部分練熟，因為他們都知道不應該帶著個別的問題來團練上浪費大家時間，幾乎所有人都把譜背了起來，牢牢盯著我，從他們的清澈眼神裡，不難發現，大家的思路是完全密合在一起的。一呼一吸之間，每個人隨時都在思考，怎麼樣讓自己的角色掌握好輕重穩妥，為整個樂團做出最大的貢獻。

整個小提琴第一聲部，似乎只化為一把小提琴，和另外一把第二聲部化成的小提琴雙雙唱和，然後又悠悠地縈饒在中提琴、大提琴旁邊，低音部更是穩穩地墊著底，渾厚而又低調細聲地說：「別怕，最後面有我們在。」再加上管樂各部和打擊樂器的適切揉合，我覺得用「平衡」二字來形容這裡的演奏氛圍是極為妥切的。我必須承認，每每帶完一次劍橋華人交響樂團的團練，不論是華樂部或西樂部，我都會感動或激動得整晚睡不著覺，尤其是在《黃河鋼琴協奏曲》的練習後。

我想，在沒有國界的音樂世界裡，每個人眼中的黃河恐怕都書寫著不同的定義，但是，在這樣的差異性中，這些喜愛音樂的劍橋人，卻能夠用各自的色彩，一起揮灑出一幅雖未必原汁原味、卻絕對動人心弦的黃河協奏曲，這才是這些國籍不同、膚色不同、思維方式不同、專業背景不同的音樂家們相聚，最讓人感動的部分。

讓世界看見臺灣
Let the World See Taiwan

我們的年度演奏會非常成功，不少中國、臺灣，及國際媒體都發了報導，甚至中國、臺灣大使館也都派了官員來欣賞，與劍橋市長和其他官員一起坐在第一排的貴賓席。不過最令我振奮的還是，演奏會後的交流時間，有幾位議員特地和在場記者說，華樂部演奏曲目之一的《臺灣追想曲》非常好聽，他們都知道臺灣，雖然不是每個人都親自去過，但是都知道臺灣的茶葉、溫泉、玉山，還有溫暖的人情味。

是的，把《臺灣追想曲》排在演奏會的第一首作為開場曲目，我的確別有私心。實際上，這場年度演奏會，已是我第二次在劍橋指《臺灣追想曲》。在前一年的劍橋春節晚會，已經演過一次，當時全場除了數千劍橋華人，更還有倫敦過來的不少亞洲國家大使官員們。而這一次劍橋華人交響樂團自己的年度演奏會，更是一個進階，因為現場觀衆，是大學內外所有對音樂喜好的愛樂人，來自全球各地，而透過音樂，能夠讓世界聽見臺灣的聲音，更讓我覺得驕傲無比。

事實上，從事新聞工作多年的我，並不愛在工作以外的時間談論政治話題，甚至避之惟恐不及。雖然我的祖父母來自北方，祖母家族還是帶旗的滿人，多年下來因著新聞工作之便，踏遍大江南北，我也為中國這片土地所釋放的歷史溫度著迷不已，但自己畢竟還是吃臺灣米長大的孩子，是故這一天，站在劍橋大學西道音樂廳（West Road Concert Hall）的指揮台上，我意識到某種程度亦是站在世界的舞台上，這是一個多麼好的機會可以告訴大家福爾摩沙是個多麼值得認識的地方。

「我們把《臺灣追想曲》排為開場曲是別有深意的，」演奏會結束後，我在和劍橋市長一起接受記者採訪時說，「臺灣保存著中國傳統文化裡最美

我在「劍橋春晚」，和劍橋大學華人交響樂團華樂部的年度演奏會上，都指揮演出了敘事性濃厚的《臺灣追想曲》，希望能夠讓世界聽見臺灣的聲音。照片提供／CUCOS

能夠用音樂，讓臺灣站在世界的舞台上，是我覺得相當驕傲的一件事。照片提供／CUCOS

麗的繁體中文字，除了在日常生活裡隨時實踐老祖宗流傳下來的禮儀和美德，故宮的文物和科技產業的突飛猛進都讓臺灣成為新舊交融的紐帶，臺灣還更是亞洲最具代表性的民主聖地。」我一個梗、一個梗說著，記者們拼命點頭，事實上，本人也是記者出身，最清楚記者要什麼，我的梗那麼多，絕對讓他們輕鬆快樂發稿。

從人文風情、到山河景色，臺灣是個美麗的地方絕對無誤，但諸多近代歷史點滴，卻也在時間的發酵下，讓這座令人嚮往又讓人心疼的太平洋島嶼如今面臨諸多挑戰，對外如是，內部亦然。此刻當下，我似乎沒有足夠的理性去思考任何牽扯於歷史和政治之間的問題，我只知道，我好想念我的家鄉。

三度黃河水，夢想的實現

A Dream Come True - Third Try with the Yellow River

在劍橋大學華人交響樂團同時擔任西樂部和華樂部指揮的經驗，是我覺得比拿到科技政策碩士更有價值的事情。照片提供／CUCOS

回想點滴種種，從大學畢業那一年在成功大學成功廳第一次主奏《黃河鋼琴協奏曲》、2008年在臺北市中山堂再渡黃河水，都是因緣際會。而一直到加入劍橋大學華人交響樂團、以指揮身分三渡黃河水，發生在英國的這些部分，更是無心插柳。事實上，我並不是個充滿實踐魄力的傢伙，我所做的，只是從幼小的時候開始，在心裡擺了一些夢想而已。但奇怪的是，它們卻一件件在時空條件促成時、甚至在我措手不及時成為真實，快到讓我覺得人生充滿老天賜與的驚奇。

六歲時種下的黃河之夢，在三十歲以前我就完整實現，從臺灣到英國，彈了兩次，指了一次，對於一個人生主軸不走在音樂這條路上的業餘人士來說，實該滿足了。黃河，你在我的生命深處，已經喧騰澎湃過三次了，所以，請你住進我的回憶吧，再見。貝多芬、莫扎特、蕭邦等等你們這些老傢伙，謝謝你們讓我在年少歲月中不孤單，你們給我的力量，也足夠讓我繼續闖蕩往後的人生旅程了，所以，也再見。既然都說再見了，在這一場劍橋的演奏會後，我便決定暫時告別音樂舞台，時間是多久，就讓生命的緣分流轉來決定。

但下一個和音樂有關的夢想，我還是有的。雖然如今可運用的時間，以及自己的斤兩都不如從前了，但我還是希望能在心裡擺下這個夢：在音樂這條路上所留下的足跡中，我認識許多生命裡重要的朋友，彼此的情誼從音樂上的交會，早已融入時間涓流，或沉入黃河底、或漂於康河上，有的時候，經過水閘處，還會在我腦海裡淙淙響著——我好希望有一天能與這些音樂路上結識的夥伴，一起錄製一張非常膚淺，卻非常酷炫的專輯，即便被學院派人士罵到臭頭、幹譙到死，也要瘋狂到極點、商業個夠。

五月週
May Week

上千個大大小小社團、學生組織，把劍橋學城鬧得全年無休，不過，劍橋學生們狂歡的最高潮，應該是五到六月間了。這個時候正是第三個學期末，更是一整個學年的尾聲，考試和報告接二連三畫下休止符，好學生、壞學生們的行程表上都是夜夜笙歌。

傳統留下來的習慣，活動最集中的五月第一個星期，被稱為「五月週」（May Week），如今五月週則是泛指五到六月間所有的狂歡時光，而這些大大小小的活動，則統稱「五月活動」（Mays）。以下，我要特別介紹的是劍橋大學羨煞其他學校的「五月舞會」（May Ball）。

五月舞會

用遠近馳名來形容劍橋大學的五月舞會，很可能還遠遠不夠。就以2011年聖約翰學院舉辦的五月舞會來說，剛好恰逢學院成立500週年，更是盛大舉辦，許多國際媒體更是紛紛派記者前來參與該場盛會，尤其《泰晤士報》（The Times）更評論，聖約翰學院的這場舞會，是世界上的七大舞會之一。

凡遇到有學院舉辦五月舞會的劍橋大學，絕對不和學術畫上等號，只屬於傳承數百年的狂歡盛典，此刻，大學城早已卸下平時莊嚴肅穆的面具，展現的是孩子般的雀躍臉孔。有的學院年年辦五月舞會，有的學院則是隔年辦，可別以為參加這些舞會只是在大門口買張票、進去跟著音樂跳跳舞就完事。首先，光是能夠搶到票，就具備相當的難度。籌辦舞會的學院，首先開放本學院學生購票，再來依次才是其他學院的學生。如今網路及行動App搶票，大家比的是科技的速度，雖然不見早前徹夜排隊排到車站，或是有人甚至爬樹、渡河、跳牆只為搶票的景象，但保險一點的做法還是想辦法認識到舞會籌辦會中的學院成員，他們才是最快能幫你買到票的人。

五月週（May Week）期間，學生們夜夜笙歌。圖為三一學院的五月舞會（May Ball）。照片提供／Jim Tang

五到六月間是一整個學年的尾聲，考試和報告下休止符，劍橋大學各式各樣的「五月活動」（Mays）接連展開。照片提供／蘇俊翰

2011年聖約翰學院舉辦的五月舞會，恰逢學院成立500週年，《泰晤士報》（The Times）評這場舞會是世上七大舞會之一。照片提供／Anibal L. Gonzalez-Oyarce

五月舞會出名，其票價也出名，一張票的正常價錢通常兩、三百英鎊起跳，有些雙人票的價格甚至在舞會前一週能飆升到上千英鎊。對很多人來說，砸下如此重金只為一夜狂歡，不過所有參加過的人卻都不曾後悔，理由千百種。以下，我們就到現場去看看吧！

首先，師生們爭奇鬥豔的打扮就讓人目不暇給，男士方面，燕尾服、白領結、西裝背心等都是最基本的配備，姑娘們的晚禮服打扮更不輸給奧斯卡金像獎頒獎典禮，更特別的是，許多不同膚色、種族的同學會穿著自己國家、民族的傳統服飾互別苗頭，包括近年華人世界清裝戲當紅，就連老外也知道格格、阿哥是公主、王子的意思，去年皇后學院的舞會中，就有一位中國女學生的格格旗頭造型，成為全場亮點。此外還有源源不絕的美酒佳釀、巧克力噴泉、巨型蛋糕塔，以及各式各樣的異國料理，四處更是瀰漫著管弦絲竹聲，古典音樂、爵士、熱門音樂，更不乏許多當紅知名樂團被邀請來現場演出。

不得不特別介紹的是舞會的主題了，比如看看「迷失密林」、「壟斷」、「東方明珠」、「夜訪德古拉」這類的舞會主題，就可以想像主辦單位在會場布置、活動安排，以及與會者在造型上會如何下功夫了。事實上，以上說的這些，都還不能說明這些五月舞會是如何地「驚為天人」。各學院辦舞會，不只為的是讓師生們在一年辛苦打拼學術研究後有個最歡樂的夜晚，更還要比誰辦得最酷炫，故無不卯足全力要把舞會辦得與衆不同，在學院的中庭草坪上搭座摩天輪、建座冰宮，甚至按縮小比例蓋座外形是凡爾賽宮的酒吧都是很平常的點子。

近年蔚為話題的是位於大學城中央地帶、與康河畔無緣的西德尼學院（Sidney Sussex College），在2010的舞會主題為「威尼斯之夜」，院長一聲令下，學生們用約一星期時間，開鑿一條穿梭於十六世紀建築群的U形水道，把遠方的康河水直接引到學院內，水道載水量達八萬八千加侖，讓與會者們從一個二十米乘二十米的人工湖上，乘著一艘又一艘的平底船，悠悠滑進舞會主場地，這座原本高於水平面、乾巴巴的學院，竟然在當夜也成為可以撐船的地方，這件壯舉當晚也成了全英國的新聞頭條。

各學院花招不同，各有讓人歎為觀止的妙點子，不過，大家都會做的事情就是放煙火了，尤其擁有最富話題性、有康河水從嘆息橋下悠悠流過相伴的聖約翰學院舞會煙火，每次都長達半個小時，這個時候，滿天繁星的天上最精采的是煙火，而康河水面上同樣也是全年最壯觀的時候，因為平日裡在夜晚倒映著繁星點點的康河，這時候卻有如夜晚塞車的高速公路般，從嘆息橋兩面起，沿著河水一路蜿蜒到看不見的地方都擠滿了大大小小的船隻，搶不到票、或是不願意花錢參加舞會的同學，也同樣極盡所能地從各學院搶到船隻，來到月下的康河上，同樣伴著美酒佳釀，在燦爛煙火和明月繁星的陪伴下，享受著辛苦一年後最愜意、放縱，也最年輕、難忘的夜晚。

在船上要待到什麼時候？當然是隔天天亮了！當黎明破曉，康河邊上的垂柳搖擺間開始傳出小鳥的叫聲，河上的船隻們，便開始一艘艘地往南划去，載著從舞會中喝得醉醺醺出來的俊俏男女們，以及其他沒有參加舞會、在康河上同樣享受著燦爛煙火視覺饗宴的人兒們，一起乘著康河水，漂到格蘭雀斯特小鎮享用早茶去。

左　各學院的五月舞會都有煙火橋段，聖約翰學院的舞會煙火更長達半小時。照片提供／Jim Tang

右　學院內的五月舞會笙歌至天明，學院外的康河上更擠滿看煙火的船隻，天明後大家多半按傳統，一起乘著康河水，滑向格蘭雀斯特的果園茶屋享用早茶。照片提供／Jim Tang

第五章

血濃於水

Chapter 5
Blood Over Water

劍橋與牛津兩所大學之間的曖昧關係，永遠是校友們茶餘飯後的話題。嘴上說和對方是死敵，其實心裡面都知道，另一邊（The other place）是血濃於水的學生兄弟。照片提供／Getty Images

參加完劍橋大學緊張的入學面試，我立即轉了兩趟火車拜訪牛津。不知道為什麼，還沒有成為「這一邊」的學生，「那一邊」就已經非常不歡迎我了，一踏出火車站立刻沾了滿鞋的狗屎。牛劍學生互以「那一邊」（The other place）來形容一山不容二虎的彼此，但我此刻還沒有拿到劍橋的入學許可啊！牛津大學也未免太看得起我了。腳上是屎，也讓我帶著滿腦屎的心情，在鞋上香氣的陪伴下，一拐一拐來到老友的研究員宿舍。

「哈哈，你一定會被劍橋錄取的，相信我！」約瑟學長是我的童年玩伴，已定居牛津多年的他此刻便斷言，我一定進得了劍橋，「就單看牛津送你的這坨屎，證明你身上已經散發了劍橋人的氣息，你會拿到劍橋Offer的啦，相信我，真的很邪門喔，呵呵！」這也太誇張了吧？不過，我還真的很感謝那坨屎，它們確實讓我在等待放榜的煎熬裡心情緩和了不少。

聖城與仙鄉
Holy City vs. City of Bliss

真要比較劍橋和牛津，哪座城市美、哪個地方酷，其實非常容易，因為這兩座同樣立足英倫、雄霸世界的學府，雖都距倫敦約一個小時火車車程，空氣裡卻流淌著全然不一樣的味道。如果閉上眼、深深呼吸，找到屬於你的答案，並不是一件非常難的事情。

從劍橋直接來到牛津，更能明顯感受到這座曾是查理一世皇都散發的君王霸氣，道路寬廣瀟灑、門牆高聳大氣，漫步其間，彷彿隨時會被這股厚重的王者聖城氣象所吞噬。一座座學院矗立在牛津城的不同角落，他們一起勾勒出的線條是陽剛、威嚴、中規中矩的，甚至還有那麼點固執氣味，攀附在牛津每座學院的牆樓上，尤其那一道道彷如侯門般的學院大門，把門外的牛津城和門內的牛津大學隔開，讓21世紀的牛津大學城，空氣裡不意間還會飄散著一絲絲八百年前「城鎮與學袍」（Town and Gown）之間殘酷鬥爭的煙硝味。

上　牛津大學的建築多散發著查理一世皇都的王者霸氣，漫步其間，彷彿隨時會被這股厚重的聖城氣象所吞噬。圖為基督堂學院（Christ Church College）。照片提供／曾劭愷

下　劍橋國王劍橋大學的建築同樣散發聖城氣象，但多了一股更瑰麗典雅的史詩韻味，剛柔並濟，以及一種兼容並蓄的氣度。圖為國王學院。照片提供／Harry Hsu

可惜的是，工業革命讓挾帶著濃濃史書墨水味的王者之城換上一身福禍或未可知的時代新衣，尤其汽車工業的洗禮為牛津創造了財富，也讓一寸寸流竄在古城裡的那些迷人曲調悄悄消逝。如今的現代牛津城，聖城氣象如前，王者風采依舊，卻還點綴上假日時刻的人滿為患，時刻人頭竄動、分秒車聲鼎沸。

如果你問我哪個城市更像「大學城」，我會毫不遲疑地告訴你是劍橋。或許劍橋的學院們，未必時時能讓人見到牛津學院建築般時刻展現君臨天下的雄姿，卻以一種兼容並蓄的氣度，淡然地和劍橋市鎮的滴滴點點水乳交融。在劍橋，新與舊是更完美調和、相輔相成的，包括當地政府和大學從來不間斷地齊心維持整座大學城的古樸外觀，和距離劍橋大學兩英哩遠的劍橋科學園區（Cambridge Science Park），攜手唱和出了極巧妙的平衡旋律，締造了緊緊牽動全球經濟的「劍橋現象」。

上左　相對於劍橋，牛津就稍嫌車水馬龍一些，更顯得牛津人個個鬧中取靜做學的本事。圖為貝里奧學院（Balliol College College）。照片提供／曾劭愷

上右　很多人認為劍橋比牛津更像一座大學城，因為在這裡，大學與市鎮、新與舊、人文與科學的水乳交融，在在都那麼恰到好處。照片提供／Harry Hsu

下　每到黃昏時分，劍橋各學院的鐘聲此起彼落，被桂冠詩人沃茲華斯形容為「一聲是男的，一聲是女的」。照片提供／Wilson Chen

如果形容牛津是「聖城」，那麼，劍橋就是「仙鄉」了吧！劍橋的迷人魅力是剛柔並濟的，每到黃昏時分，各學院的鐘聲此起彼落，被桂冠詩人沃茲華斯形容為「一聲是男的，一聲是女的」。漫步於一條條蜿蜒曲折的巷弄間，絕對步步都是詩篇，而若仰躺在康河邊上一片片綠如油畫般的的草地上，你更不難發現，這裡真的是嗅不到一絲塵煙的地方。很多人說劍橋美，但事實上用「美」這個字來形容這裡恐怕還嫌俗氣，因為劍橋絕對不太在意你送她什麼形容詞，她總是對著遠道而來客人淡淡微笑，更隨時張開雙臂擁抱歸來的故人們。

參加研討會、訪友或度假，我時常去牛津小住，但相比之下，自己還是比較喜歡在劍橋生活的。並不只是因為我是劍橋的一分子，而是那種探手可得、不被打擾的自在感，在這裡給了我許多檢視生命成長軌跡的契機。那種極其安靜、予人在反省中求進步的時光片刻，我認為對遠離故鄉的留學生來說，是極其珍貴的。

血濃於水的死敵兄弟

Blood Over Water: Rivals and Brothers

說牛津大學是政治菁英的孵化器鐵定不為過，算一算，這所學校至少培養了19個國家的53位總統或總理，其中包括25位英國首相，英國國家領導人官邸唐寧街10號（10 Downing Street）簡直就是牛津大學的校友會。

而劍橋大學，無庸置疑，專門誕生科學家，沒有人不知道，這裡是全世界最大的諾貝爾獎得主搖籃，截至2015年為止，僅在科學領域，已有92位諾貝爾獎得主正在或曾經於劍橋大學內工作、研究，或念學位。

基於出了最多首相，牛津人常說：「我們統治著世界。」，不過，劍橋人卻相當不以為然，因為出了最多科學家的他們認為：「我們根本不在乎誰統治世界，因為世界就在我們手上。」

說這兩所學校是八百年的死敵，他們又更像是一對密不可分的孿生兄弟，很難說清誰是瑜、誰是亮，劍橋人創造了一個字叫做Camford來表示這對兄弟大學的合稱，而「那一邊」當然少不了另一個字Oxbridge的存在，誰都要硬把對方放在自己後面。不過，劍橋大學不得不承認的是，同樣起源於中世紀，牛津大學的歷史確實比劍橋大學早了些。

十二世紀初，牛津大學與當地市民長久來的對立情緒達到臨爆點，1209年，有位牛津學生在曉霧迷離的清晨練習射箭，大概因為視線不佳或是還沒完全清醒，不小心把一位早起外出跳廣場舞的大媽射死，沒想到這件事演變成了規模龐大的暴亂，有好幾位大學師生被失控的市民抓起來吊死，堂堂牛津大學竟被迫關門大吉，學者們相繼逃亡。

有一部分人一路往東北逃啊逃的，來到了一個充滿田野風光的地方，這裡有一條河，他們把雙腳放進河裡，一種彷如洗淨心肺般的舒適感讓他們不想再離開了，於是乎，這些人決定在此另起爐灶，是的，這裡就是劍橋郡

（Cambridgeshaire）。經過漫長的醞釀，他們終於在1284年創立了劍橋大學的第一座學院——彼德學院，康河水繼續流啊流的流了八百年，劍橋大學的學院也增加到我們現在看到的31個。

瑜亮之間

說到這對彼此互看不順眼，又惺惺相惜的兄弟，無時無刻都不放過和對方一較高下的機會，簡單來說就是隨時都想作對。端看兩校的盾型校徽，就不難感受到那股隱藏在歷史長河中暗潮洶湧的對立肅殺之氣，兩校的校徽上都各有一本書，不過，牛津大學的那本書是開著的，劍橋大學的那本卻是闔得緊緊的，「這些傢伙從來不念書。」牛津大學的學生總這樣嘲笑對方，不過，「蠢哪！你們念得太慢了吧？闔上是因為我們早就念完了。」劍橋的學生如此反譏，似乎更勝一籌。

再講到兩校都引以為傲的全民運動——撐篙搖船，兩校學生也硬要來點

劍橋大學的卡文迪許實驗室（Cavendish Laboratory）被稱為諾貝爾獎誕生搖籃，至今已經培養出了29位諾貝爾獎得主。照片提供／Anibal L. Gonzalez-Oyarce

牛劍兩校校徽上各有一本書，不過，牛津大學的那本書是開著的，劍橋大學的那本卻是闔得緊緊的，牛津學生總嘲笑對方都不念書，但劍橋人更辯稱他們早就念完了。照片提供／The Oxford and Cambridge Society of Hong Kong

左　劍橋學生在康河（River Cam）上撐篙搖船，總是站在船尾，拿著竿子輕輕往後一頂，船身便向前方前進，相當符合人體工學。照片提供／Jim Tang
右　牛津學生在艾希斯河（River Isis）上撐篙搖船，總是站在船頭，必須選擇在船左或右向後撐船，被劍橋學生嘲笑吃力且不符合邏輯。照片提供／曾劭愷

不一樣。去過兩邊的觀光客，有心一點的，絕對可以發現，牛津學生習慣站在船頭撐船，而劍橋學生撐船則是永遠站在船尾。說實話，就這一點來看，劍橋人似乎還是對人體工學比較有概念一些。

兩校也常刻意使用不同的單詞或拼音方式來形容相同的事物。劍橋各學院的交誼廳是「Combination Room」，牛津則簡單一些稱做「Common Room」；兩校每個學年的第一學期皆稱做「Michaelmas term」，但第二和第三學期在劍橋被稱為「Lent Term」和「Easter Term」，在牛津則叫做「Hilary Term」和「Trinity Term」；劍橋的指導教授是「Supervisor」，很自然地，師生相聚研討的時間就被稱為「Supervision」，而牛津卻用了「Tutor」和「Tutorial」這兩個字；劍橋的博士學位叫做「Ph.D」，完整的寫法是「Doctor of Philosophy」，按照拉丁文的邏輯，劍橋將之顛倒縮寫是合理的，但牛津卻直接照單詞順序簡寫為「D.Phil」；另外，兩校連「百科全書」的稱呼都要斤斤計較，牛津用的是「Encyclopaedia」這個字，而劍橋則硬是要拿掉一個a變成「Encyclopedia」。

不能不提的還有兩校擁有幾座名稱一樣的雙胞胎學院，但是卻有不同拼法，比如牛津的莫德林學院叫做「Magdalen」，劍橋這回則是多塞一個e在後面變成「Magdalene」；而馳名遠播的皇后學院，牛津和劍橋則是分別寫做「Queen's College」和「Queens' College」，這個差異倒是有比較理性的成分，因為有兩位皇后參加了劍橋皇后學院的開幕禮，卻只有一位到牛津參加儀式。此外各學院裡都看得到的方庭大院，大多擁有綠得跟油畫般的大片草皮，這樣的方形空間，劍橋稱之為「Court」，牛津叫做「Qrad」。

最後，雖然劍橋大學是由從牛津逃出的學者們所創，其誕生日晚於牛津大學是不爭的史實，「劍橋源於牛津，就像夏娃是亞當的肋骨做成的一樣。」牛津人常常這樣打趣，還說劍橋人是「跟屁蟲」，無法改寫歷史的劍橋人則對這段史實總是避而不談。不過，論及兩校起源，劍橋人的另類解釋，也能讓牛津人啞口無言。話說亨利三世在1231年給了劍橋人出一口氣的機會，劍橋大學從他手上得到了教學壟斷權，比牛津大學早了23年拿到這項極稀有的權柄，基於這個點，劍橋人一有機會也會趾高氣昂地說：「劍橋大學雖晚於牛津大學起步，但卻更早正式誕生。」

劍橋人無法改變他們是由牛津一批出走學者創立的史實，牛津人也無法從時光隧道衝回亨利三世時代逼他先給他們教學壟斷權。好了，事實改變不了，那吹牛總可以吧？牛津人有一套常拿來忽悠外人的神話，他們稱牛津大學其實是阿弗烈德大帝（Alfred the Great）年代所創，雖然人事時地俱全，但還是頗有把人當白痴的嫌疑；而劍橋人則更勝一籌，他們直接把歷史和神話結合地天衣無縫，說有位名叫康特伯（Cantaber）的西班牙王子創立了劍橋大學，時間是西元前3538年。英國法律史學家梅特蘭（Maitland，Frederic William）就曾經形容，牛津與劍橋兩所大學基於誕生歷史的相互吹牛，是全世界最古老的校際運動——梅特蘭的論點恐怕就不是吹牛的了。

孿生兄弟

兩校隨時不放過針鋒相對的機會，什麼都要壓過對方，什麼都要刻意與對方不同，但是，和世界上的其他高等學府比起來，這一對孿生兄弟實在是相似得不得了。最著名的例子就是兩校獨特的學院制，從教職員工到學生，除了科系的身分之外，每個人都一定還有另外一座學院的身分，從中古到現在，很多學校想刻意模仿，卻都不得其精華。此外，除了在前一段提到的皇后學院之外，兩校還有其他名字一樣的雙生學院，包括聖約翰學院、三一學院、耶穌學院（Jesus College）、基督聖體學院、潘布魯克學院（Pembroke College）、凱瑟琳學院等。

進到學院內，兩校也都有座座方庭，裡面鋪著綠到發亮的草皮，每座學院也必定有一座舉辦晚宴的宴會廳和屬於學院自己的禮拜堂，學院裡的生活也都有歷久不衰的導師制。而最可愛的莫過於守在各學院門亭裡的管家大叔（Porter）了，他們繫著代表學院的不同花色領帶，甚至有些還有各自的服裝設計。從牛津到劍橋，大部分的管家大叔都一樣賊壞，喜歡捉弄學生。我所屬的彼德學院，裡面就有一位在我面前老自稱是「海格」的大叔，從我進學院的第一天就開始捉弄我，捉弄到我近年在世界各地飛來飛去，實在沒有空暇回劍橋找他吵架，我們還是必定一年一張明信片彼此問候。

還不得不說的是兩校都有一座超越學院層級、歸屬於大學擁有的聖瑪莉教堂（St. Mary's University Church），從中古到現在，他們都是兩座大學城發展史的最佳見證人，又都座落在兩座大學城的中心地帶，從精神上的意義或地理上的位置來說，都像是眼睛，或者心臟，即便是對於那些可能一輩子就來劍橋或牛津一回、只待個兩天的觀光客來說，聖瑪莉教堂的瞭望塔，也必定是俯瞰這兩座大學城裡一座座從各學院裡伸向天空、如童話般尖塔的最佳地點。

此外，兩所學校都各有一座嘆息橋，只不過劍橋的嘆息橋如虹一般劃過仙氣裊裊的康河上，牛津的嘆息橋下面來來往往的卻是吵雜的車水馬龍；兩校亦都各有一彎秀麗河水，劍橋的康河和牛津的艾希斯河（River Isis），風姿各異，相映成趣；兩校也都有孕育政治家的演辯社、藏書量冠於全球的大學讀書館、在全球學界各撐起一片天的大學出版社，以及各式各樣身兼研究與觀賞的博物館、植物園等；另外，成立於各學院、科系、學生團體的各類樂團、劇團等，其數量也都是其他世界名校難出其右的。最後是兩校都孕育了無數改變世界的巨擘，科學家好比劍橋的牛頓、達爾文（Charles Darwin）、霍金（Stephen Hawking），牛津的羅吉培根（Roger Bacon）；詩人如劍橋的拜倫、彌爾頓，牛津的雪萊（Percy Shelley）；經濟學家如劍橋的凱恩斯，牛津之亞當斯密（Adam Smith）等，實在多到數不完。

同樣經過「城鎮與學袍」鬥爭史，渡過宗教改革的洪流，經歷文藝復興的震盪，風雨飄搖一路走來，兩校都要再迎向第二個八百年，這對孿生兄弟，實在太不相同，又太相同。比較兩校的滴滴點點的相異風景，或許只是一種趣味，因為，晴空萬里的藍天和繁星點點的星空，永遠也不能互相取代。

上左　牛津大學的拉德克利夫圖書館（Radcliffe Camera）位在牛津市中心的拉德克利夫廣場（Radcliffe Square），這座拱形屋頂的巴洛克建築也是英國的第一座圓頂圖書館，是博德利圖書館（Bodleian Library）的一部分。照片提供／曾劭愷

上右　劍橋大學的中央圖書館（Cambridge University Library）是全世界藏書量最多的圖書館之一，超過千萬冊的藏書，仍以每年增加近十萬本的速度在擴增。作為英國六大法定圖書館之一，她有權要求英國所有出版社免費提供所有出版的書籍在此收藏。照片提供／洪承宇

下左　劍橋大學的聖瑪莉教堂（St. Mary's University Church）是劍橋相當重要的精神象徵，過去大學官員還必須居住在距離教堂20英哩內，早期的重要考試、會議、典禮等都在此舉行。這裡的鐘聲甚至還被倫敦的國會鐘樓大笨鐘（Big Ben）引用。照片提供／桑傑

下右　牛津大學的聖瑪莉教堂是一棟後哥德式建築，她的螺旋立柱是英國建築史上的一大突破。早期學校正式的考試、會議等也在此舉行。照片提供／曾劭愷

世紀之戰
——劍牛划艇賽
Oxbridge Showdown - The Boat Rac

離開劍橋以後，我因工作關係，旅居過不同的城市，從英國倫敦、美國洛城、離家最近的臺北、香港，再到中國北京、上海等。不論人在哪個城市，只要到了每年春暖花開的時節，我必定在某個特定的夜裡，和一群酒鬼一起喝得爛醉如泥。

這一夜，觥籌交錯間，我們總繞過所有時差，回到春風裡飄著些許水氣的泰晤士河畔，和從世界各地飛來的有心人們，一起參與一場原只屬於劍橋大學和牛津大學之間、今卻已演變成國際關注的百年盛會。此刻，世界各地的劍橋校友會與牛津校友會，即使無法親臨泰晤士河濱，也必定包下一間像樣的英式酒吧或私人俱樂部，透過大銀幕觀看BBC的現場轉播或實況回顧影片，一面吃吃喝喝、同樂一番。

「牛劍划艇賽」（Oxbridge Boat Race）自1829年開戰至今，已經走過兩個世紀，2005年以前每年由BBC進行實況轉播，之後英國電視全面數位化，ITV也加入直播行列。官方估計，每年到現場觀看的熱血人士超過30萬，而在全球各地透過直播心繫這場賽事的觀衆更是高達3千萬，熱度是溫布頓男單與F1大賽所遠遠不及。隨著比賽規模的擴大，比賽路線幾年就會微調一次，最新的路線是由帕特尼橋逆流而上到莫特萊克，賽程全長四英哩半，競賽一定得選在漲潮的時候。

兩隊各有九人，分別穿著代表劍橋校色——稍淡的「劍橋藍」（Cambridge Blue）與牛津校色——較深的「牛津藍」（Oxford Blue）。除了船尾最末的舵手（Cox）之外，槳手們都背對前進的方向，包含船頭的前槳手（Bow），而舵手的角色有極大可能是女性，除了擔綱定向的重任外，她們也常常在漫長的比賽中擔綱柔性的激勵角色，為前面的八位高富帥打氣。可想而知，此女必非簡單人物，而且她們表示激勵的方式也很特別，在兩岸邊震耳欲聾的叫喊聲包圍下，她們也只能扯破嗓子痛罵，被點名的男士往往能夠得到瞬間的力量，調整自己微微脫序的表現，以最短的時間融入九人一體的節奏裡。

表面上風平浪靜的泰晤士河，尤其在夕陽餘暉下波光粼粼的當刻，美得叫人不如癡如醉也難，不過，河面下其實暗流重重，再加上比賽河段蜿蜒曲折，選手的體力、耐力、智力都必須是上上之選。河上勇士們只為了每年的這一天，日日都必須吃下六千卡路里的食物，不能多也不能少，不分秋冬春夏，都得在各校的領地（劍橋的康河、牛津的艾希斯河）進行長達數月的魔鬼訓練。有的時候，在嚴冬裡，河面很不配合地結了冰，他們也得與室內的模擬練習器材相伴，從天剛破曉到月上枝頭，早晚都不得缺席集訓，甚至每次心跳都必須控制達到每分鐘超過百下，乳酸在他們的肌肉裡聚集成椎心的痠痛，肺裡脆弱的微血管隨時都在破裂。

有時候想想，這些滿腦子想幹掉「另一邊」的傢伙也實在挺可憐的，他們必須在繁重的課業和嚴格的訓練裡取得平衡，時時處於定時淘汰賽的精神壓力中，更相對沒有足夠時間陪自己的另一半。我在彼德學院的一位直屬學長曾在2007年代表劍橋大學出賽，他在被媒體訪問的時候透露心中對若干重要事物的排序：「划艇很難不在首位，學位其次，我很遺憾沒太多時間陪女朋友。」報導一刊出，衆人都為他捏了一把冷汗，果然不久後就傳出兩人分手的消息。

血濃於水

在這場腥風血雨的劍牛之爭裡，丟了女友並不是稀奇的事情，頂多被八卦八卦，更蔚為話題的，恐怕是描述真實故事的小說《血濃於水》（*Blood over Water*）裡，那段橫跨劍牛兩校一段備受挑戰的親兄弟情誼。生於1980的哥哥詹姆士（James Livingston）和小三歲的弟弟大衛（David Livingston），兩人在中學時代就都是划艇好手，也先後分別在英國青年賽抱走冠軍大獎，之後哥哥進了劍橋大學，弟弟進了牛津大學，成了這場世紀生死鬥史上頭一對身在處楚河漢界兩邊的親兄弟。

左　「牛劍划艇賽」（Oxbridge Boat Race）自1829年開戰至今，已經走過兩個世紀，官方估計，近年每年到現場觀看的熱血人士超過30萬，而在全球各地透過直播心繫這場賽事的觀眾更是高達3千萬。照片提供／Getty Images

右　每年親臨現場觀看牛劍划艇賽的校友和有心民眾必把泰晤士河畔塞得水洩不通，擠不到河邊的人仍可就著設於多處的大銀幕觀賽。照片提供／張宇懷

話說，很自然地，兩人在各自成為「深藍隊」和「淺藍隊」的一分子後，便把隊上的成員當作自己的親兄弟，而和自己真正的親兄弟保持距離了，隨著比賽逼近，兄弟倆的思緒成日在親情、友愛、尊嚴、校譽、妒忌之間天人交戰，在家中吃飯的時候，甚至還各自佔據餐桌的兩角，避不交談。倒不是因為憎恨對方，而是怕任何不當的言語或爭端出現，會干擾到自己或對方的參賽情緒。

2003年的那一天，牛津大學以一呎之距險勝，兄弟倆在岸邊抱頭痛哭，兩人突然發現誰輸誰贏一點都不重要，這一幕，可把現場來自各國大小媒體的鏡頭全部吸了過來。這一年的氣氛真的比較特別，牛津是贏了，但是贏得好像沒那麼意氣風發；劍橋是輸了，但也沒有輸得讓人過於太過沮喪。兩邊的人都被這對兄弟感染，也突然意識到，深藍和淺藍，不論輸或贏，大家不都是為了青春留下難忘的印記嗎？一群人乾脆搭著肩一起喝酒去了，媒體捕捉到他們揚長而去的背影，深藍與淺藍的賽服，早就混雜在一起，分不清彼此。

詹姆士和大衛兄弟的故事，不僅描繪了兩世紀來兩校滑艇隊劍拔弩張的對峙，更訴說了兩所大學之間那股愛恨交織的複雜情愫。《血濃於水》這本書是兩兄弟自己寫的，除了在亞馬遜上不斷再版發行，最近還有片商想向他們買下故事版權，想將這場充滿汗水、淚水、血濃於水的故事搬上大銀幕，兩兄弟可真是賺翻了。這又讓人不禁懷疑，兩兄弟是否有炒作自己之嫌。

很多人不知道的是，哥哥詹姆士在拿到了自然科學學位後，又跑到商學系念了一個碩士文憑，如今同樣都理工背景出身的兩人，現在都投身倫敦金融界。不過，從書中字裡行間的描繪，到可能不久問世的大銀幕，兩兄弟的搏命演出，不論是血濃於水的真情流露，還是矯揉造作的商業炒作，都說明了一個事實，劍橋與牛津在本質上，並不是對立的，而是流著親兄弟一般的血液。

當然，親兄弟也要明算帳，身為劍橋人，還是不免要公布一下這份數據。從1829年開戰為止，截至2016年，在總交鋒紀錄上，劍橋大學以82勝略佔上風，牛津為79勝。兩隊同時衝破終點線、未分勝負，只在1877發生過一次。

我在這裡也很想偷偷爆一個料。這場兄弟名校的頂尖對決，還有一項不輕易說破的傳統，兩隊的教練多會在賽前去拜訪「另一邊」，不過，目的並不是刺探敵情，而是真心想幫對手一把，因為他們希望這場劍橋與牛津共同呈現給世界看的秀，是一場「最完美的競賽」，而不是劍橋、牛津任何得勝一方搶盡風頭的獨角戲。因為，不管是深藍色的傢伙們贏，還是淺藍色的傢伙們勝，也不過是一串讓人莞爾一笑的數字，而真正留在心裡的，是那段從康河、艾希斯河，到泰晤士河邊，大家一起走過的那段曾經固執、曾經瘋狂，更曾經放蕩的年少歲月啊！

另類的牛劍之戰

還有一件值得插播的事情，就在劍牛兩校在泰晤士河上殺得血流成河同時，另外一批兩校學生也在進行一項激烈的對抗，有點無俚頭、甚至無聊。這場競技在大倫敦東部的畢德菲特農場（Spitalfields City Farm）開戰，不過參賽者並不是來自兩校的高富帥，而是兩隻身上配掛寫著兩校校名布條的羊兒。截至2016年春，比賽將要邁向第七屆，從官網到臉書、推特，活動火紅程度雖不如泰晤士河之役，但是從第一年免費入場觀賽，到第二年後開始售票，每年的票也都在不到幾天內一掃而空，不到五歲的兩隻羊，竟然可以和走過兩世紀、享譽國際的兩艘明星船相提並論，也實在不容易。

事實上，不少人覺得賽羊比賽艇有趣多了，因為賽羊本身在系列活動中根本不是真正的重點，因為系列活動中吃不完的美食、喝不完的佳釀、還有一場又一場的露天音樂會，以及各樣遊樂設施，恐怕在活動的實質意義上早已喧賓奪主。劍牛之間的聯誼派對本就多如天上繁星，而活動氛圍相對輕鬆的賽羊大賽，骨子裡更是一場兩所菁英學校的學生拋開紳士淑女外衣的歡樂派對，所以更不會有人去關心哪隻羊贏了或輸了。更重要要的是，少年男女們可以任性地暫時把考試、報告丟在一邊，和好朋友們待在一起，一醉方休。

和各地牛劍校友相關團體一樣，香港牛劍聯合校友會（The Oxford and Cambridge Society of Hong Kong）每年在兩校划艇賽之際，必定在特定私人俱樂部聚會，一同觀看實況轉播或賽程錄影。照片提供／The Oxford and Cambridge Society of Hong Kong

劍橋大學與牛津大學在本質上，並不是對立的，而是流著親兄弟一般的血液，各地校友的許多大型活動都聯合舉辦。圖為香港牛劍兩校校友的年度聯合舞會現場。照片提供／The Oxford and Cambridge Society of Hong Kong

劍橋與牛津的表兄弟
——哈佛大學
The Good Sibling: Harvard University

說了這麼多劍橋大學和牛津大學之間難分難解的愛恨情仇，不得不提一下遠在美國麻薩諸塞州（Massachusetts）的哈佛大學。我這麼說可能會被全世界的哈佛校友白眼，但是如果沒有劍橋大學，哈佛大學確實也不會存在。

回到1637年，有位來自倫敦、剛從劍橋大學艾曼紐學院畢業的年輕學者，懷著追尋新生活的夢想，飄洋過海來到新大陸，定居在麻州的查理斯鎮（Charlestown）從事傳教工作。很可惜的是，兩年不到，年方三十的他就因肺病蒙主恩召。

當時，隔著查理斯河（Charles River）與查理斯鎮相望的，是對岸新城（New Town）一所新成立的、還沒有名子的學院。這位學者臨終前立了遺囑，將自己名下一半的財產（約780英鎊）和所有藏書（約400本）捐贈給這所無名學院。當時的傳教士，可比現在的傳教士窮多了，不過，那780英鎊竟然是這所學院成立以來接受過最大的一筆捐贈，為了表達謝意，麻薩諸塞州議會一致決議，就以這位英年早逝的年輕學者之名作為學院的名字。這位劍橋大學的校友，名字就叫做約翰哈佛（John Harvard）。

至於那四百本書，其中三百九十九本的命運也和他們的主人一樣英年早逝，全部被燒毀於一場大火，而僥倖逃過一劫的那一本，因為在火災前一晚被一位學生偷帶出圖書館而免於被祝融吞噬。諷刺的是，當時圖書館的規定是，所有圖書一律不能外借，更不用說暗度陳倉了，這位學生救了哈佛先生的遺物，卻讓自己被校長開除，這恐怕也不是酒泉之下的哈佛先生所樂見的吧！

如今，新城的名字也早走入歷史，為了紀念誕育哈佛先生的英國劍橋大學，這裡的地名也改叫做劍橋（Cambridge）。美國的新劍橋與英國的老劍橋，成就了兩座世界最高學府，沒有劍拔弩張的對峙，只有一起串起歷史的浪漫相依。而同樣都座落在美國的劍橋區裡，現在，也越來越多人把哈佛大學與一旁的麻省理工學院（Massachusetts Institute of Technology, MIT）合稱為「美國的劍橋大學」，隔著大西洋，與英國的劍橋大學遙遙深情對望。

上　哈佛大學與一旁的麻省理工學院（MIT）被合稱為美國的劍橋大學，隔著大西洋，與英國的劍橋大學深情對望。照片提供／蘇俊翰

下　哈佛大學（Harvard University）的創立史，可追溯到一位劍橋大學艾曼紐學院校友約翰哈佛（John Harvard），及其死前捐贈的龐大遺產。照片提供／曾劭愷

第六章

閒話劍橋

想要認識劍橋，絕對要在這裡至少住上個一年半載。不是因為這裡的故事多到聽不完，而是你得多花一些時間，才能發現她的「靜」是多美好的一件事。照片提供／Jim Tang

Chapter 6
Cambridge Musings

城鎮與學袍
Town and Gown

上　劍橋學生身上穿的學袍，可以連結到歷史上「城鎮與學袍」（Town and Gown）對立的血腥歷史。照片提供／許瓏瑩

下　八百年前，被牛津市民追殺的牛津大學學者們逃到劍橋，創立了劍橋大學的第一座學院——彼德學院（Peterhouse College），但「城鎮與學袍」的衝突，在劍橋又再度上演。照片提供／Harry Hsu

漫步劍橋學城，其實很難從舒適而平衡的氛圍中分辨何者為劍橋大學、何者為劍橋市鎮，不只各學院之間的競合是協調而又充滿活力的，就連劍橋市政府與各企業、商家，也都與劍橋大學一起交融在一樣的吸吐中，為大學與地方注入源源不絕的能量，讓這一個位在英格蘭東南部、享譽全球的大學城，日復一日地轉動著世界。不過，當前所有令人讚嘆不已的一切都是時間魔法的成果，事實上，談到歷史，大多是讓人感到沉重的。

說到劍橋和牛津這兩個地方的過去，其實寫滿了值得一讀再讀、又令人不堪回首的血腥與無奈。劍橋大學與牛津大學的學生，在入學典禮之前，都必須買好一件由修道院僧袍演變而來的「學袍」（Gown），很多人不知道的是，這個簡易的字彙，在英國的歷史中，又尤其是在牛津與劍橋這兩個學術重鎮，和另外一個字「城鎮」（Town），是常被擺在一起的特定詞彙組合，而「城鎮與學袍」的話題，也始終叫人在回首往事之餘，不免一聲長嘆。

說「城鎮與學袍」，在歷史上，倒不如更精確地說是「城鎮槓上學袍」。文獻記載，1168年牛津大學成立後，大學師生與地方人士之間的摩擦就不曾間斷過，他們不但在文化上存在著深深的鴻溝，在經濟、政治思想上也彼此對立重重。1209年，一位牛津大學的學生練習射箭，一個不小心誤殺了一位鎮上的婦女，這一箭，竟引發了排山倒海而來的動亂。從幾位大學內的學者被鎮民捉起來拷打虐死開始，演變成全校師生被來自市鎮的力量追殺得抱頭鼠竄。

其中12名學者，一路逃到了英格蘭東南邊的一處沼澤地，被當地的伊利主教巴薩爾收容。往後的時間，各地學者紛紛慕名而來，讓這一個「學術團體」不斷壯大。1284年，劍橋大學的第一座學院彼德學院成立，時至今日，劍橋大學已經有31座學院。不過，不能忽略的是，發生在八百多年前的牛津，大學師生們與在地居民之間的衝突，在學者們逃到劍橋後，很快又上演了續集，精采程度有過之而無不及。

回到13世紀初，以牛津學者為主的各地「學袍」們來到劍橋後，一開始沒有自己的校舍。他們向在地居民租用農舍食宿、教學、研究，雖然為當地帶來新的經濟契機，但思想觀念毫無重疊處的兩方人馬，在日常生活裡總是大小衝突不斷。在學者眼中，農民是沒有知識水準、整天只想向他們提高租金的土豪；於在地居民心裡，這些狂妄的外來人看似滿腹經綸，其實個個不事生產，且隨時想剝奪地方事務的主導權。這樣的矛盾，在本來就有教會撐腰的劍橋大學又得到了王室庇護後又變得更劇烈了。

劍橋大學的創始學院彼德學院成立後，學者們得以搬進學院和修道士一起生活，但是，一般的學生還是只能在外自行解決食宿問題。沒有教師、學者的監護，這些血氣方剛的少年，變得更加我行我素，視紀律為旁騖。1261年，一群鬧事的學生和市民又爆發了嚴重的流血衝突，沒想到，在王室和教會的庇護下，滋事的學生僅被罰錢了事，但卻有十多名鎮民被吊死。

每經一次衝突，都讓大學方的勢力再擴大，這讓鎮民們恨得牙癢癢，卻又無計可施。緊接著，王室在1270年頒布了劍橋大學和在地人士必須共同遵守的法令，想當然爾，這是衝著在地人士來的，其中包括當地人不得在食宿費上剝削大學內人士，於是當地居民就轉而在市場上大大抬高生活用品的價格。挺大學挺到底的王室，竟然立刻又授權大學有權利對市場上的謀取暴利行為執法。1317年，王室再度頒布新規定，在地政府官員在就職典禮時，必須大聲宣誓協助維護大學的特權。這下子，狗兒們被逼得準備跳牆了。

十四世紀中，劍橋大學一間座學院成立，在王室、教會及校友的捐助下，校方擁有的房產也越來越多，成了劍橋地區的最大地產王，以往地主與租客的對應關係也顛倒過來，許多窮困的農民變得要向大學方租地耕種或居住，兩邊關係每下愈況。黑死病席捲英國後，劍橋也不能倖免，陷入愁雲慘霧的無政府狀態，這時農民對大學方新仇舊恨齊發，在暗裡，他們在用水和食物裡動手腳，讓數不清的大學師生染上瘟疫，在明裡，他們在1381年的一個冬夜裡浩浩蕩蕩集結，風聲呼呼、白雪紛飛，鎮長一聲令下，市民們拿著各樣武器衝破大學大門，將許多師生打死砍傷，更將一張張王室頒布的特權狀令搶到手，在市集廣場上焚毀。

子夜時分，烏雲壟罩，在地民眾們齊聚廣場，看著大火燃起，從校方搶來的一張張文件在北風助燃下化為灰燼，飄向夜空，鎮民們的眼角流著淚水，這是他們等待了兩百多年的「正義」。他們高舉著火把，穿梭在各學院之間高聲吼叫著，要大學放棄所有特權，而大學內部高層，不是躲在密室、閣樓裡不敢出來，就是早已遠遠逃到劍橋以外的地方。

農民高興得其實有點早了。黑死病得到控制後，從國家到地方漸漸恢復了秩序，在地居民的抗爭還是被鎮壓了，劍橋大學的運作又恢復了活力，此時王室又賦予大學更多的特權，其中包括大學可以成立民事法庭，審理市鎮上的各種訴訟，另一方面，擁有自治權的劍橋大學，不但不受地方官員任何形式的干預，卻可以對冒犯大學師生的地方人士進行處分。

此外，地方上的企業、商家、旅館等領取營業執照，還必須經過大學批准，甚至連音樂會、舞台劇等藝文方面的演出活動，也得大學點頭同意才能執行。十五世紀中後期以後，劍橋大學的各學院開始有了自己的廚房，也積極擴建學生宿舍， 師生、學者們的衣食住行在大學內全部自給自足，這也讓許多在地人士的經濟財路被切斷。「城鎮」與「學袍」的對峙，居民再度處於弱勢，而且更加手足無措。

十七世紀後，宗教衝突的擴大又給了居民東山再起的契機。劍橋大學校方支持國王查理一世，而在地居民們則靠攏清教徒，這樣的對立又演化成了王室與議會的大規模對立，居民們一面倒向議會，與始終受到王室庇佑的大學水火不容。1642年英國內戰爆發，畢業自劍橋大學、卻倒向議會的革命領袖克倫威爾（Oliver Cromwell），統率了堪稱無堅不催的「鐵軍」（Ironsides），最終擊敗國王的軍隊，在1646年迫使查理一世向國會投降，三年後更以叛國罪將查理一世處死，英國接著一度實行共和政體。

此刻，劍橋大學與市鎮的主從關係又再度顛倒，市民意識也逐漸抬頭。直到1660年，查理王朝復辟，查理二世又恢復了劍橋大學的種種特權，直到十八世紀後，這些種種不合時宜的特權才漸漸在歷史長河的洗滌下消失殆盡，而早已與市鎮上的點點滴滴水乳交融的劍橋大學，也早就在科學和人文研究走在時代最尖端的同時，成為世界一流學府，同市鎮共榮、與世界轉動。

劍橋古今
Old and New

近年在華人影視產業中，很流行製作所謂的「穿越」劇情，從電視劇到電影大銀幕，劇情大致不脫身在現代的主角，或男或女，在某些無法用現代科技解釋的機緣巧合中，一個不小心穿越了時空，到了特定的中國古代王朝，經歷了精彩豐富的歷史傳說故事，再輔以愛情片段的大幅渲染，凡一穿越，必定成為娛樂圈話題核心。

姑且不論電視劇收視率是否飆高或電影賣座與否，若觀眾買單，該影視作品必可捧紅大批演員，若觀眾不買單，恐怕也是在此類戲劇已過於浮濫的背景下，因題材或拍攝手法了無新意而成為批判箭靶，成為互聯網上討論焦點。不論評價是正是負，都說明了思古之風潮，已成了當代華人社會的主流，儘管這些滴滴點點，多發生在將所謂古老陳舊全打進棺材裡的文革不過半世紀後的中國，多少有些諷刺，且這樣的穿越，恐怕既功利，也稍嫌造作。

相較之下，發生在英國劍橋的穿越，不但固執地令人喜愛，即便矯情，其姿態也優雅得令人尊敬。翻開歷史圖片，任何人都會驚異地發現，今日的劍橋市區，與不同階段的昔日風貌相比並沒有太大的區別，即使在伸向藍天的教堂尖塔們和一棟棟優雅古樸的學院建築間，漸漸冒出了一間間設備新穎的科學實驗室和外型摩登的校舍，發生在新與舊間的調和，也沉靜而低調地叫人平安舒適。

對峙又攜手的觀點

關於劍橋老與新的話題，不能忽略的是著名學者霍爾福德（Waillam Halford）在1950發表的施政建議報告。時間回到二戰後，一切百廢待興，

上左　以往流過的鮮血早已乾涸，早已與市鎮水乳交融的劍橋大學，也在科學和人文研究走在時代尖端的同時，成為世界一流學府，同市鎮共榮、與世界轉動。照片提供／洪承宇

下右　如今的劍橋大學，「城鎮與學袍」之間早已不分彼此，康河水畔，你中有我、我中有你。照片提供／Sirirat Lim

下　劍橋處處上演「穿越」劇情，比如皇后學院的數學橋，一端是走過五百年歷史的學院主體古建築，另一端是新穎的現代宿舍。照片提供／Wilson Chen

以霍爾福德為首的一群學者們認為一切應謀定而後動，因地制宜、仔細規劃，按部就班慢慢來。在工黨政府的支持下，他們針對劍橋大學城進行了一系列有關城市規劃的研究，研究結論包括劍橋市內及近郊地區的商業、工業活動應被有所管制。研究小組在1950年正式提出了報告，接著保守黨上台執政，二話不說，立刻批准報告所言，至此以後，劍橋市和近郊之間，出現了第一條管制工業發展的林帶。

霍爾福特所提出的報告固有其參考價值，但在部分學者及官員眼中卻過於保守。1967年，劍橋大學又成立了另一個菁英小組，專門研究大學城與科技產業發展之間的關係，領軍的傢伙就是被稱為「世界物理學發源地」卡文迪許實驗室（Cavendish Laboratory）的老大莫特（Nevill Mott）博士。他們提出，在「管制」的同時，「發展」也不能忽視，如果能夠加速產學之的合作，包括在合適的地區發展高科技，對大學和國家都有好處。他們的報告也提出了劍橋科學園區的規劃，這也埋下了日後「劍橋現象」（Cambridge Phenomenon）奇蹟的種子。

霍爾福特和莫特的觀點，看似對立，其實兩股力量拉鋸之後產生的平衡，正是宜古宜今的劍橋，在長遠的永續發展中需要的力量。如今走在劍橋市區裡，一抬頭就會看見一望無際的晴空萬里，這是因為大學城中心的樓房高度有所管制，而若你喜歡住居高臨下的現代大廈，那得到郊區找房子。還有，在市中心區，大部分的街道是不允許汽車通過的，一來保護師生們及觀光客的安全，二來，誰都不希望這裡的古樸寧靜被現代工業的呼嘯而過打擾。

是故，在劍橋學城裡，形成了一種有趣的「單車現象」，這裡的學生，幾乎人人一單車，不管是參加完了正式晚宴，西裝筆挺，外頭還套著又黑又長的學袍，或是從超市出來，握把上掛著準備去好友家聚餐的半隻雞、三斤牛肉、一大袋手工布丁和水果，再加上背包裡還有兩大罐可樂，只要一跨上車座，頓時人車合一，不管天上是豔陽或烏雲、輪下是積雪或山坡，所有劍橋人都能神采奕奕地乘著風，無所懼地騎向他們為自己規劃好的未來。

現在，就請你與我一起跨上單車，暫離市區，向座落一群群數百年歷史的美麗學院建築暫別，我們往郊區去，看看劍橋的現代面貌吧！

劍橋現象

劍橋是重視傳統的，八百年的歷史點滴，劍橋人個個津津樂道；劍橋更是不忘創新的，走在世界尖端的速度，更讓世界上其他頂尖學術機構望塵莫及。許多人初訪劍橋，在被一棟棟走過數百年歷史的學院建築震懾的同時，恐怕想像不到，劍橋的現代面更加叫人嘆為觀止。為了維持學院古典建築群聚的市中心一貫的古樸風貌，大學方與政府，其實更協力將高科技的進展，具體展示在郊區的地方。

數一數，劍橋大學外圍至少有20座以上具規模的科學園區，有的隸屬於各學院、系館，也有獨立研究中心，其中最有名的就是劍橋科學園區，單單在這裡的GDP就占全英國比重的兩成，而此處的活力，也形成了以劍橋大學、大型跨國公司，和各新興公司密切合作的巨型產業網路，不斷吸引著來自全世界的投資，最有名的例子之一，是1997年微軟決定設立第一座海外研究中心時，高層們一致選定這裡。

半個世紀以來，在劍橋科學園區，數千家大小企業每年提供至少數萬個工作機會給世界各地的菁英。科學、商業、技術，以及政策等各方力量交匯而成的共同結果，讓這個位在劍橋的科學聚落，日日不斷成長壯大，以領航者的角色，帶動世界的經濟發展，這就是各國學者們口中的「劍橋現象」。

事實上，形成「劍橋現象」的作用力，恐怕還是和「人」脫不了關係。劍橋華人交響樂團裡有位拉大提琴的加拿大籍華人博士生就曾告訴過我，他來劍橋大學念天文學的最大動力，就是可以向目前任職於劍橋大學理論宇宙學中心的當代物理學泰斗霍金學習。這一點並不讓人意外，因為劍橋大學實在是孕育出太多大師級的人物，不只有像詩人拜倫、哲學家羅素這樣的人文巨擘，更有一代代的科學巨匠，從提出萬有引力的牛頓、倡導演化論的達爾文，到今日仍健在、提出「宇宙無邊論」（No Boundary Proposal）的霍金等。

有趣的是，霍金也曾經對他的學生說過，他當初來到劍橋，也是受到了英國最著名的天文物理學家霍伊爾（Fred Hoyle）的吸引。在這一所校友已經拿下92次諾貝爾獎的大學裡（截至2015年），大師群集的環境，自然又

左上　劍橋大學城中心區古老與新穎建築交相點綴，樓房高度有所限制，若無特殊原因也不許汽車通過。照片提供／Harry Hsu

左中　每個劍橋人心裡，都永遠會記得那段在雪地裡踏著單車，與風雪競逐奔馳的日子。照片提供／Thomas Ng

左下　劍橋科學園區（Cambridge Science Park）的GDP占全英國比重的兩成，也形成以劍橋大學、大型跨國公司，和各新興公司密切合作的巨型產業網路，不斷吸引各國投資者。照片提供／Jessamine Lai

右下　「劍橋現象」（Cambridge Phenomenon）成功的最主要原因，其實並不在於科學，而是真真實實的「以人為本」。圖為劍橋大學的官方書店招牌。照片提供／Andy C. J. Nien

不斷吸引更多人才過來聚集，形成一個資源上的良性循環。

把劍橋現象的成功，只歸咎於大師們的領航，恐怕也太簡單了一點，更關鍵的因素，其實是共享與回饋的氛圍。簡單來說，從劍橋大學到一座座科學園裡，每一個分子之間都存在著共榮的關係，從教師、學生，到所有的研究人員，不管在大學還是一座座科學園區，分享的氛圍讓所有人都成為彼此的助力，不管是人與人之間、學院與科系之間、實驗室與企業之間，甚至還包括各政府單位，在這一個互相支援的網絡上，每一個角色除了思考各自的前進外，也都時時刻刻被大環境的氛圍提醒，在享受著進步的同時，自己要怎麼回饋。

有很多的國家政府，派人來劍橋科學園區聚落考察，包括近年硬體技術突飛猛進的中國，企圖將劍橋現象的成功複製到其國內，他們耗費鉅資，同樣蓋了一棟棟嶄新的大樓、建立了最尖端的基礎設施，但始終無法將劍橋現象最核心的精隨價值學盡。其實，不過是簡單的四個字而已——「以人為本」。

穿越古今的建築故事

劍橋大學與英國政府攜手打造劍橋郊區的科學園聚落，並不表示刻意維持古樸風貌的市區停滯在中世紀以前的世界，換言之，在以座落古老學院們為主的市中心，你能感受到歷史的斑駁瑰麗，也能同時發現新時代飛躍的光影時時都在身畔竄動，最明顯的例子就是所謂的古蹟活用。

發生在劍橋古蹟建築的「穿越」，有的是絲毫不改其外貌，數百年前後始終如一，但內部維護工程及裝潢打造卻比任何一棟現代建築還要先進；有的則是除了內部的一切汰舊換新之外，外部則是約略重新妝點，甚至還加了點後現代的概念或耍些所謂的文創小趣味。而後者，卻可能會一個不小心把建築變得不淪不類，我自己最熟悉的商學系教學大樓就是一個極為經典的例子。

它是劍橋大學的古蹟建築中比較年輕的一棟，不過被整容過的外型一直都造成諸多爭議，因此其古蹟活用的故事也聲名大噪。來到貫穿市中心的創平頓街（Trumpington Street）南端，位在劍橋大學創始學院彼德學院隔著一條馬路的斜對面，一棟外型方正陽剛、卻被彩繪得五顏六色的建築很難不讓路過人駐足片刻，它現在是全世界產官學菁英的誕生地之一，劍橋大學的商學系教學大樓。

事實上，這一棟建築建於1766年，最早是劍橋大學教學醫院亞登布魯克醫院（Addenbrooke's Hospital）的舊址，原先的外觀色彩也並非這般花俏。兩百年一晃過去，醫院在1976年遷到城市南端的新址，古色古香的舊樓拆也不是、不拆也不是，終於在1990年，在英國著名的金融家賈吉爵士（Sir Paul Judge）捐贈了大筆經費後，劍橋大學將這棟古老的舊醫院大樓改頭換面成如今的模樣，提供給商學系，由女王伊麗莎白二世於1995年正式剪綵啓用。

為了紀念賈吉博士的支持，劍橋大學商學系的英文名稱也被叫做賈吉商學院（Judge Business School），與牛津大學的賽德商學院（Saïd Business School）齊名。這在英國的學術機構裡是常有的事情，建築物會以捐助者的姓名來命名以表感謝之一，相對於劍橋大學商學系大樓的捐助者金融大亨賈吉爵士，牛津大學商學系的教學大樓名為賽德商學院，也是為了紀念慷慨解囊的富翁沃菲克・賽德（Wafic Saïd）。

如今商學系大樓仍保持當年醫院建築的雛形，不過，外觀被彩繪得五顏六色，再加上許多周邊擴建延伸的現代建築多為色彩豐富的設計，許多商學系的學生們都笑稱他們是在幼稚園校園上課。不過，歷史並不悠久的商學系，憑藉著劍橋大學的老招牌，依然從哈佛、牛津、MIT這些名校挖來一位位名師，吸引全球菁英分子前來就讀，更與產業界保持良好的產學合作關係，成為全球菁英們或為增進學歷、或為拓展人脈，爭相搶讀的商學教育機構，多個主題不同的管理學相關研究中心，也讓這裡也是全劍橋最國際化的地方之一，所有優點加起來，大家也就不太在意在「幼稚園」教室上課了。

說完商學系教學大樓，就不得不接著提位在它正前方、彼德學院隔壁的菲茨威廉博物館（Fitzwilliam Museum）了。這棟典型的新古典主義白色建築，不但保存著數不清的古物，本身也就是一棟價值連城的古蹟，和英國大部分著名博物館一樣供人免費參觀。

時間回到十八世紀中期，菲茨威廉爵士（Sir Richard Fitzwilliam）就讀劍橋大學時，從外祖父繼承了一大批17世紀荷蘭畫作及古代大師版畫，再加上他自己遊歷歐洲蒐集到了許多珍貴手抄樂譜，還有其他許多在倫敦拍賣

左上　劍橋大學商學系大樓原為教學醫院亞登布魯克醫院（Addenbrooke's Hospital）的舊址，重新改造為五顏六色的花俏外觀後，常被笑稱是幼兒園。照片提供／Harry Hsu

右上　商學系大樓不只外觀五顏六色，內部的色彩設計更是令人目不暇給。照片提供／Harry Hsu

左下　在劍橋，古蹟們不是被當作罕見文物般地小心保存起來，它們就是劍橋人生活的一個部分。像是建於18世紀的菲茨威廉博物館（Fitzwilliam Museum），更多的內部空間是大學的古物維護相關實驗室。照片提供／Col Lee

右下　鑲嵌在石壁、窗沿上的古老盾牌徽章們，始終不間斷地提醒一位位劍橋人們，莫忘母校走過的點滴歷史。照片提供／Michael Tyrimos

會購得的大師作品，他便在這裡蓋了這座博物館展覽這些收藏。去世之前，他立下遺囑，整座博物館以及館內所有珍藏，全數捐給自己的母校劍橋大學。經過多次擴建，菲茨威廉博物館的規模不斷再壯大，最近一次擴建是在2004年，又增加了將近3000平方米的面積。

博物館的收藏品範疇完整，從兩河流域、古埃及、古希臘、古羅馬，到中世紀、文藝復興時期及近代的藝術收藏，加上西方當代藝術，樣樣不缺，更不能不提的是館內的中國藝術品陳列室，從殷商時期到春秋戰國時代的青銅器、古樂器，到明清以後的各樣線近代藝術品，保存完整，一點也不輸給臺北的故宮博物院。即便有人認為，這些中國藝術品都是英國人在戰爭時期從中國搶來的，而後這些英國佬的子孫良心發現，才捐給劍橋大學收藏，但不可否認的是劍橋大學在守護這些古物上的不遺餘力。

其實，在這棟十八世紀古典風貌的建築底下，除了遊客可以看到的各展覽室之外，有更多的內部空間是劍橋大學的古物維護相關實驗室，裡面有最新科技和最幹練的研究員和學者，從不間斷地守護這些無價瑰寶。事實上，菲茨威廉博物館的古蹟活用案例，在劍橋僅僅是大冰山的一小角，劍橋大學內許多領導世界研究方向的實驗室們，一間間都藏身在身經幾百年歷史風霜的古老建築裡，包括誕生過29位諾貝爾獎得主的卡文帝許實驗室舊址。

在劍橋，古蹟們不是被當作罕見文物般地小心保存起來，它們就是劍橋人生活的一個部分。一棟棟幾百年的古老建築，刷卡進入，是學生們的宿舍、教室、飯廳，或教授們的研究室。尤其漫步學院們環繞的市集廣場一代，許多走過數個世紀以來的古老建築就在這兒固執著地不改她們的優雅風貌，儘管內部已經是Wi-Fi神速的科學研究中心或每週上演精采時尚秀的熱鬧商場，他們仍舊不願脫下穿了幾百年的外衣。門廊上的雕像，依舊默默守護著每天進出的優秀學子們，而鑲嵌在石壁、窗沿上的一道道古老盾牌徽章，也不間斷地提醒一位位即將離開劍橋到世界各地築夢的青年們，不要忘了孕育他們的母校所走過的點滴歷史，在人生的道路上，更需時時刻刻提醒自己，莫忘追本溯源、心懷感恩。

劍橋夜話
When Darkness Falls

入夜的劍橋，常可看到一排排人影緩步移動，在這座古老學城秋冬夜裡特有的層層白霧當中，穿梭在各學院與大小巷弄之間。領頭的那個人，有的時候還拿著或鑼或鈴，每走幾步，就製造一些響聲，後面的人，就一步步地跟著走……

別誤會，來自中國的湘西趕屍傳說，並沒有強大到流傳到英國的劍橋大學來。事實上，這是當地盛行的「暗黑夜行」（Ghost Walk），起初是校內舊生每每在開學期間為新生們舉辦的活動，在夜間閒晃劍橋學城，一路不停地幽幽訴說著八百年來的鬼故事，後來，當地民衆竟把這個原屬於大學內的傳統更加發揚光大，一入夜就領著世界各地來的觀光客們，東走走、西轉轉，一把把鈔票就賺進口袋。

「暗黑夜行」的路線，大體上就那麼幾條，兩小時有兩小時的玩法，一整夜有一整夜的花招，不過，安排活動的所有校內外人士，都必定不會錯過整個劍橋最經典的暗黑地標——彼德學院。這座劍橋大學的創始學院建於1284年，既然是31座學院中最老的學院，那麼，飛來飄去的好兄弟，想當然爾也是最多的了。小弟我就是彼德學院的成員，下面的故事，就從我自己的經歷開始講起，我建議大家把燈關掉，點上兩支蠟燭來閱讀本章節，會更容易進入狀況，因為彼德學院也是劍橋大學的31座學院中，在正式晚宴裡，唯一不上燈、只容燭光芯影隨風搖曳的鬼學院。

遇上彼德學院魅影

對於一個剛從麻瓜世界來到魔法國度的小子來講，縱使該有對什麼千奇百怪的事都得以平常心看待的心理準備，但就在入住彼德學院二個星期後發生的怪事，卻也讓我興奮了好幾天。

話說，我對於自己的學術英文，一開始是沒什麼把握的，因此我在開學前兩個月就提早到劍橋，來到大學內全天候開放給新生的語言中心加強自己的學術英文。我參加了小班課程，也申請了個人指導，不過，這些都不是這個章節的重點。

語言中心裡像我一樣提早來加強學術英文的新生，分布於各學院。不知道是幸還是不幸，其中一段時間，來自彼德學院的傢伙只有我一個人。其實，我並不像哈利波特和他的幾位好朋友們那樣，在分類帽面前，抱持著誓死非進葛萊芬多學院的決心，我在選填學院志願時把彼德學院填在第一位，

才剛到劍橋的第二個星期，我就在自己的學院——堪稱「天堂與地獄交界」的彼德學院宿舍內，遇到了此生難忘的「好兄弟」。照片提供／Jessamine Lai

最大的考量是她就座落在我的系館對面，在白雪靄靄的冬天，可以睡到上課前五分鐘，穿上雪靴後，幾下個個輕功了得的東方人式彈跳，便可在鐘響當下坐進課堂裡，這確實也在開學後羨煞了系上、班上的同學們。

分類帽將我如願送進了劍橋大學中這座堪稱陰陽交界的彼德學院，也真的為我在英國的奇幻生活拉開序幕。由於太早來到劍橋，整座彼德學院的舊院區，除了守衛海格大叔和他的同事們，以及幾位白髮蒼蒼的訪問學者，大概就只剩下我一個人了。那一夜，接近凌晨三點，我完成了手頭報告的結論段，蹲在地下，手忙腳亂準備著隔天要去湖區（The Lake District ）度假的行李。

桌上的筆記電腦還開著，「無論你到天涯海角，我都將形影不離地守護，」歌劇院的魅影在舞台上悠悠唱著，「克莉絲汀，這就是我的心願……」魅影唱完，一段弦樂低音彷彿要為魅影的蒼涼唱下既悲傷又美麗的句點，突然，MP3「喀」地叫了一下，「啊！」看到驚悚畫面的克莉絲汀，發出比那玩意兒本身還可怕的尖叫，音樂劇劇情竟然跳到魅影滿是潰爛、目露凶光的臉孔，出現在舞台正中央，滿歌劇院的觀衆，尖叫連連、四竄奔逃，魅影啓動機關，拉著克莉絲汀的手，跳進舞台上裂開的大洞，消失在滿座觀衆的眼中，同時，歌劇院內從舞台上到觀衆席火花四起，夾雜著四處亡命奔逃的哭喊聲，而已經被魅影暗中割斷吊繩的大吊燈則瞬間「轟」的一聲砸到了觀衆席正中央。

音樂劇的劇情在我的MP3裡開始到處亂跳，就在吊燈砸向觀衆席的同一個瞬間，「啪」的一聲，我的書桌燈熄了，音樂也停了。我的頭皮一陣麻，腦袋裡一片空白不知道多久，燈再度亮起，不過，亮度和光源好像和之前不太一樣。我慢慢地把頭轉向書桌，看到才新買沒幾天的桌燈，被不知道哪股神祕的力量扭斷了頭，屍首分離，而斷掉的燈頭，就砸在我的電腦鍵盤上，一閃一閃的，來發出「刺……刺……」的怪聲。

不知道什麼時候，MP3裡的衆人又開始你一句、我一句地唱起，「他帶她去哪裡？他帶她去哪裡？」「跟我來！跟我來！我知道他們藏身何處！」「記得一路上手要與眼同高，才能保得住性命！」「還有我！還有我！我也同去！」一面的，我的喇叭裡也傳來MSN的叮叮聲，此時我才覺得神智約略恢復清醒。把檯燈的斷頭移開後，我看見銀幕上彈出的是高中死黨小祿的對話窗。

「幹，你那裡是凌晨三、四點吧？有沒有跨丟貴？」

「跨丟貴」是閩南話，意思是「看到鬼」，這是我和小祿之間多年慣用的問候方式。

「你確定要聽我說剛剛發生什麼事？」但這一回，是我首次這樣回他。

說實話，我並不會覺得那一晚的經驗有多可怖。我不能解釋為什麼新買的檯燈會自動斷頭，更無法理解音樂劇中吊燈斷落的情節與我的檯燈斷頭為何發生在同一瞬間，但毫無疑問的，在整起事件的過程裡，我沒有受到一絲傷害，而且這件事情成了我在劍橋和倫敦的社交生活中相當好的聊天題材，替我贏來了好人緣。如果一定要從好兄弟的角度去解釋，那麼，我想我是在初來英國的時候，遇到了一位比較調皮的朋友，用他的方式，為我的英倫生活歲月獻上祝福吧！

鬼影幢幢的好兄弟學院

以上哈利的個人經驗，只是本章節的引言。現在，我要由彼德學院的黑暗鬼史來開場。談魔話鬼，捨彼德學院其誰，他是三十一所學院的老大哥，當然擔得起。彼德學院以鬼故事聞名，不只是全天下劍橋校友都知道的事情，更是英國許多老記者們聚在一起話當年時總會端出來會心談笑的話題，因為，1997年12月，這裡的好兄弟甚至驚動了BBC出動大陣仗記者群來拍攝新聞專題節目，接著英國許多其他媒體和國際媒體也跟進前來採訪，一時也讓彼德學院成為全劍橋大學最風光的鬼學院。

鬼鬼衆生，劍橋和其他全世界的城市一樣，恐怕到處都是鬼魂飄來走去，究竟是哪位仁兄有這麼大的本事，讓BBC都把SNG現場轉播車都開到彼德學院來了？他是院內的一位知名學者道斯（James Dawes），在被捲入一場院士選舉醜聞後名譽掃地，1789年把自己吊死在學院內。有人說他是吊死在學院大鐘下，另外一派的人說他吊死在自己的研究室裡，因為大鐘的高度不足以吊死一個人，但不論想不開的道斯把自己吊死在哪裡，可以確定的是死後的他相當不甘寂寞，一而再、再而三出現在彼德學院不同角落，

左上　走過800年歷史，彼德學院作為劍橋大學創校學院，關於好兄弟的話題自然也流傳久遠，相關的歷史事件，甚至驚動BBC記者過來採訪。照片提供／Harry Hsu

右上　劍橋大學的草皮，多為四四方方的方形，而彼德學院後方卻獨有塊呈八卦形的草坪，不知道是不是和為了鎮壓八百年來的好兄弟們有關？照片提供／Harry Hsu

左下　國王學院禮拜堂（King's College Chapel），外型莊嚴陽剛，卻也逃脫不了流傳古怪故事的命運。照片提供／Wilson Chen

右下　國王學院禮拜堂的拱頂天花板處，相傳夜間不僅飄滿好朋友，更會傳出尖銳馬啼聲。照片提供／Wilson Chen

從教堂到交誼廳，從宴會廳到後花園、長廊，嚇壞不少師生。

想當然，身為劍橋大學的創校學院，如果彼德學院的鬼只有道斯一位，那就太遜了。翻開彼德學院受到劍橋大學校方認證的歷史文獻就能看到，在16世紀，院方就曾重金從倫敦禮聘大牌驅魔師來和一位喜歡在宿舍穿牆的幽靈溝通，請他別再嚇學生了；時間再拉近一些，1960年，多名學生被惡靈接連附身，在宿舍內相繼自殺死亡，也引起媒體爭相報導；最近的一次驅魔則是在1997年，鬼不單行，除了驚動BBC等媒體的學者道斯之外，尚有其他不知名的大鬼小鬼，一起把彼德學院鬧得不可開交，隨處可聽見的腳步聲、敲門窗聲，以及在幽暗角落晃悠的人影都不是什麼新鮮事，更酷的是鬼魂們還入侵電信系統，讓學院的行政工作停擺。我好後悔晚出生了這許多年啊！沒有參與到那樣精彩的鬼年。

至於其他著名學院，個個有精彩的鬼紀錄。我不用傳說這兩個字，而說紀錄，是因為這些事件，都和彼德學院的一樣，字字句句都能找到相關的文獻記載，除了劍橋大學本身收藏的歷史紀錄之外，許多文獻甚至還被珍藏在劍橋市圖書館裡。

首先要說的是觀光客最愛拍照的國王學院那座哥德式禮拜堂（King's College Chapel），由22座扶壁支撐、莊嚴肅穆的扇形拱頂天花板，白天在觀光客眼中閃耀著歷史的神聖光輝，而觀光客看不到的夜間，其實常有著白影們飄來飄去。曾有學生膽小卻好奇心大，想一睹白影們的風姿，卻又不敢在半夜溜進禮拜堂，於是貼著禮拜堂外牆，想透過高窗斜角瞄一瞄天花板上的好兄弟們，結果白影還沒看到，卻被禮拜堂內傳出的尖銳馬啼聲嚇得落荒而逃。

而緊鄰著國王學院的克萊爾學院，最有名的鬼非牛頓的好朋友葛林（Robert Greene）先生莫屬了，這位死於1730的學者事實上也是個怪咖，瀕死之際，學院懇求他能將自己收藏的學術書籍捐出來造福學生們，他的條件是，學院也必須接收自己的骨骸，和學術資料一起公開展覽。有趣的是，他的骨骸卻在歷史的洪流中一塊接著一塊消失，有些被祝融吞噬，有些被頑皮的學生偷走作紀念，往後，在耶誕夜，總有人看到一具肢體殘缺的骷髏人，一跛一跛地晃悠在學院各處，傷心地尋找自己失落的骨骸碎片。

上　克萊爾學院（Clare College）處處花團錦簇，一到夜間，花香四溢間，卻可能見到古老的學者一晃一晃、傷心地尋找自己遺失的骨骸。照片提供／林國義

下　聖體學院（Corpus Christi College）出名的包括2008年由霍金揭幕的「聖體鐘」（Corpus Clock），上面類似蝗蟲的怪物被稱為「時光吞噬者」（Chronophage）。鐘擺答答間蟲嘴一張一合，提醒人時光飛逝。這果然也是個很可怕的故事。照片提供／許瓏瑩

有的鬼故事，興許帶著點浪漫成分，最著名的應是發生在16世紀基督聖體學院學者史班瑟（John Spencer）身邊的事。早年喪妻的史班瑟對於如花似玉的獨生女伊莉莎白（Elizabeth Spencer）十分疼愛，一心要為女兒找個門當戶對、有錢有勢的好婆家，誰知道，伊莉莎白卻和史班瑟的學生貝茲（James Betts）陷入情網，可惜貝茲是個窮小子，老史班瑟哪裡看得上。暑假的某一天，小情侶在二樓人煙罕至的研究生休息室幽會，你儂我儂之際，竟聽到樓梯間傳來史班瑟上樓的聲音，情急之下，貝茲立刻躲到身後的壁櫥裡。

「走！現在！」史班瑟一上樓就

大吼，「去哪兒啊？爹？」伊莉莎白一頭霧水，「少廢話，馬車已經在等了，給我下樓！妳的東西丫嬛已經收拾好放上車了！」「可是……」「給我住嘴！現在就走！」哪裡想得到的是，史班瑟這一上來就突然把女兒帶去其他城市參加研討會了，一走就是兩個多月，很不幸地，那個壁櫥是從內無法打開的設計，暑假期間沒有其他學生留在那棟樓房裡，任憑貝茲叫破喉嚨也沒人理他。開學後，櫥櫃終於被撬開，出現在大家眼前的，只剩下貝茲的白骨，可憐的伊莉莎白傷心欲絕，在數個月後也重病死去。幾個世紀來，花前月下，常有人會看到貝茲和伊莉莎白的鬼魂在學院花園內幽會，不過，也有人表示遇過老史班瑟的怨靈，凶神惡煞地問路過的人，可惡的貝茲把他的寶貝女兒騙到哪裡去了。

鬼故事也有很勵志的，聖約翰學院著名學者伍德（James Wood）的鬼魂就是個好例子。他在1778年考入劍橋大學時，窮到連蠟燭都買不起，每天晚上，只能蹲在走廊上，讓有錢同學們房內透出的燭光照亮自己的書本，刻苦作學，冬天的時候，還常常被凍到昏倒，被路過的學生救醒。皇天不負苦心人，伍德的努力讓他的成績名列前茅，畢業後又拿到院士資格，還得到教職，終於成為口袋響噹噹的教授了。不過，他死後，卻常常以年輕時窮苦時期的樣貌，穿著破爛衣服，出現在宿舍走廊的燈光下讀書，想必是他死後還忘不了那段刻骨銘心的日子吧？中國學生其實可以燒一台紙紮Smart Phone給他，讓他在學生宿舍走廊偷接別人Wi-Fi上網，不也是善舉一樁？

下面要講的這一個，我個人覺得是比較恐怖的。耶穌學院的永生社（Everlasting）是一個在學院歷史中唯一一個因成員死光光而自動解散的詭異社團。該社團由一名叫做德莫特（Alan Dermot）的偏激學生創於1738年，每年固定在11月2日聚會，以探討靈學為名縱情酒色，找藉口缺席的人還會被其他社員用各種方式報復。1743年，有一名成員戴文波特（Henry Davenport）因選擇從軍到德國參戰，未參加該年聚會，德莫特便在聚會上表示，他會讓戴文波特好看。就在聚會的隔一天，11月3日，文獻記載，戴文波特在戰場上被加農砲炸得體無完膚，更可怕的是，成員之後才得知，在聚會前的一個星期，也就是同年10月26日，德莫特早已經在一場鬥毆中死亡。那麼，參加聚會、揚言要戴文波特好看的傢伙是誰？

更恐怖的還在後頭，話說剩下的成員，都接著在各種稀奇古怪的原因中死去，到了1766年，只剩下貝拉西斯（Charles Bellasis）一個人。11月2日當晚，他一個人在自修室享受著閱讀的寧靜，同學們見他把門鎖著，也不加理會，有人半夜聽見他的驚叫聲，也以為他在發酒瘋。誰知第二天一早，大家破門而入後都被眼前的景象驚呆了，不僅屋內陳設東倒西歪、書本散落一地，房間正中央的圓桌，竟圍繞著七張椅子，六張是空的，剩下一張坐著的是已經斷氣的貝拉西斯，他頭向後仰、雙眼瞪得老大、七孔流血，表情猙獰。桌上，擺著的是一張永生社的會議紀錄，上面除了貝拉西斯的簽名之外，還有包括德莫特在內的六名創始成員簽名，一旁留有一行用血寫的字：「對招待不周的貝拉西斯施行處罰。」

不得不提的還有17世紀的資產階級革命領袖柯倫威爾，他曾在1649年把英王查理一世送上斷頭台。柯倫威爾1658年壽終正寢，但哪知兩年後查理二世就復辟重掌政權，他上任後第一件事就是將柯倫威爾的遺體挖掘出來「死後絞刑」，接著把他的骷髏頭綁在木杆上展覽示眾了23年，直至頭顱被一名哨兵偷走。1799年，這顆人人關注的骷髏頭竟出現在一個展覽秀上，

左　聖約翰學院的宿舍內，入夜仍舊可以看到前時學者逆爭上游、勤奮苦讀的身影。照片提供／Harry Hsu

右　耶穌學院（Jesus College）在英國政治史和宗教史上都擁有豐富的歷史意義，而被詛咒的社團留傳下的故事，也成為千古不散的話題。照片提供／Jessamine Lai

他的後代看到了，想盡辦法終於拿回這顆頭顱。最後，柯倫威爾的母學院——劍橋大學的西德尼學院在1960年接收了這顆歷盡滄桑的頭骨，並埋葬在了學院內的一處祕密地點。所有的學生都知道學院內埋著這顆頭，不過沒有人曉得確切的位置，倒是有很多人，在夜半喝得酩酊大醉，進入學院大門前往宿舍途中，會覺得腦後方有人朝自己脖子吹著涼涼的氣，一轉頭，卻什麼都看不見。

以上總總學院鬼故事，僅是冰山一角，有興趣的人不彷來劍橋大學走一走，更確切的說，在夜裡來劍橋大學走一走，如果你運氣好，你可能會遇到彼德學院道斯的魂魄邀你吃消夜，或者聽到葛林殘缺的骷髏走路時發出喀喀的聲音，如果運氣更好的話，你可能還可以遇到德莫特邀你加入永生社，或者看見柯倫威爾的頭顱飛到你面前，問你他的身軀被藏在哪裡。

校園外的好兄弟們

那麼，劍橋大學校園之外的地方呢，從劍橋市區到郊外，鬼故事更是多如牛毛，比如位在聖愛德華巷（St. Edward's Passage）的二手書店「驚恐書屋」（The Haunted Bookshop），二樓常出現一名穿著維多利亞時代服飾的金色長髮女子，包括店員、顧客在內的許多目擊者都說，每回她現身的時候，總伴隨著一股幽幽的紫羅蘭花香。

紫羅蘭也就罷了，就在驚恐書屋隔壁的印地哥咖啡屋（The Indigo Coffee House），在2002年也曾經發生過一樁怪事，話說店員一早打開店門，就發現地下室傳來奇特的香氣，打開門一看，竟然發現從樓梯開始一直延伸到地下室，滿地開滿了藥用蜀葵花——一種常見於沼澤的植物。事實上，藥用蜀葵在醫藥上的功能還不小，以其花泡茶飲下，不僅能潤喉養肺，還有益於治療腸胃失調，而以其根部熬煮出來的湯汁，更是許多皮膚問題的剋星，我要是印地哥咖啡屋的老闆，當時就應該把那些外星人送來的蜀葵拿來製作獨家咖啡啊！

位在貝納街（Benet Street）遠近馳名的老鷹酒吧（The Eagles），除了是宣布發現DNA雙螺旋結構的地方之外，二樓某個房間堪稱永遠不關的窗戶也是大家茶餘飯後的話題。多年前，這裡住著幸福的一家人，不料一晚

位在聖愛德華巷（St. Edward's Passage）的二手書店「驚恐書屋」（The Haunted Bookshop）不僅是販售最多鬼故事的地方，這裡的阿飄也同樣盛名遠播。照片提供／Jessamine Lai

劍橋的餐廳、酒吧老闆們，個個都是話題行銷高手。這扇堪稱永遠不關的窗戶，在大雪天裡，其實還是會偷偷關上的。照片提供／Justin Chu

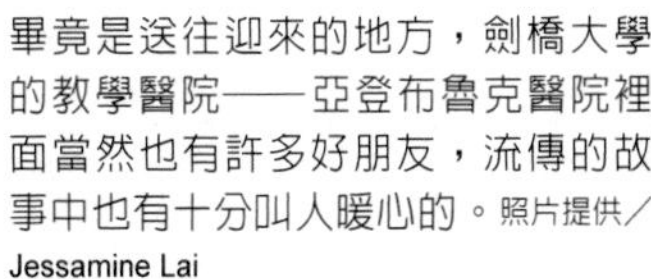

畢竟是送往迎來的地方，劍橋大學的教學醫院——亞登布魯克醫院裡面當然也有許多好朋友，流傳的故事中也有十分叫人暖心的。照片提供／Jessamine Lai

發生大火，獨獨最小的女兒被燒死在那個房間裡。直至今天，你參觀老鷹酒吧，還是會看到那扇打開的窗戶，當地人會告訴你，如果硬把那扇窗戶關上，一到半夜，小女孩的魂魄還是會把它打開，因為裡面燒得太熱了。

古老的劍橋大學城，幾百年的建築比比皆是，有鬼也不是什麼怪事，不過，老鬼有，新鬼當然也有。我最後要說的是發生在劍橋大學的教學醫院——亞登布魯克醫院裡的事情。該院舊院區於1766年建於創平頓街，1976年遷到城市南部邊的山道（Hills Road），這裡也是劍橋大學的生物醫學校區，一棟棟雄偉的大樓建築，擁有傲視全英國最先進的醫療設備，但畢竟醫院是送往迎來的地方，還是免不了鬼故事的幽幽繚繞。

在亞登布魯克醫院，最有名的就是一位護士的鬼魂，她生前不慎用錯了嗎啡數量讓病患死亡，之後自己羞愧自刎，此後陰魂不散，常常出現在醫院的各個角落。病房內的病人能看到她夜半現身要來幫忙換藥，值夜班的同仁更常看到她夜裡出現在護理站忙東忙西，有的時候想偷個懶打個盹兒，她還會把同仁叫醒，提醒大家不能怠忽醫護人員應有的職責。有一點小小的感傷是吧？這樣的鬼，感覺好像離我們近一些，也比那些成天想著復仇，或找尋骨骸之類的可愛多了，我也樂意用她的故事來替這個部分做個結尾。

事實上，要聊有關好兄弟的故事，有各式各樣的層次，尤其像劍橋這樣歷史氛圍濃得叫外來人迷醉到窒息的地方，從政治的角度、從地理的角度，甚至從美學的觀點、乃至科學史的發展，都能夠有說不完的篇章，更遑論深不見底的宗教學領域了。這些都不是我在此聊天的範圍。我只願回歸到哈利波特初到霍格華茲時見到飛來舞去幽靈朋友時的心情，在自己有限的知識範圍內，把我在夜闌人靜時聽見有人在我耳邊喃喃訴說的故事，悄悄地在這裡與你分享。

火車站的美麗與哀愁

The Railway and the Station

除了彼德學院的老宿舍、古蹟活用被畫得五顏六色的商學系教學大樓、派克草原，以及在本書第一章第一節我所提及藏身「佛地魔」的水閘之外，還有一個地方的倩影，如今亦時時在我心頭縈繞，總是徘徊不去。

我對劍橋火車站（Cambridge Station）念念不忘的原因，除了自己從小就是個不折不扣的鐵道迷之外，更是這一個從十九世紀中就隨著蒸汽火車冒著黑煙、精神抖擻地嗚嗚叫著開進劍橋，也跟著出現在大學城邊上的古老建築，在我留學異鄉的歲月記憶裡，寫滿了關於離別、重逢、思念，以及祝福的故事。

我在這裡出過一場車禍，看著自己的血從褲管及厚厚的棉襪滲出，泊泊地滲進雪地裡，在一片銀白色上暈開出一朵朵鮮紅的花朵，我痛得忘記了哭，直到一位與我要好的中國學姊小非最先來到，我抱著她立刻決堤了，那不知道是多少說不出的寂寞與思鄉的釋放；我在這裡也接到了奶奶在臨終前幾個月為我織下的、託友人從臺灣拿到倫敦再轉遞到劍橋給我的毛衣，除了她蒐集的關於我在劍橋指揮華人交響樂團的媒體剪報之外，那份此生不會再有第二件的溫暖，是她最後唯一留下給我的東西。

我也記不清了，自己究竟在這裡迎接了多少從倫敦、從英國各地，甚至從臺灣來看我的親朋好友；我更記不清，在這裡目送多少曾經交換彼此生命最深處祕密的夥伴離去，在深深的一個擁抱後，這一輩子可能就如參與商，再無相見之日。當然，最忘不了的片刻，是我肩上揹著大包小包、拎著大行李箱，拿著我在劍橋的最後一張通往倫敦的單程火車票，刷過閘門的那個瞬間，腦子裡一幕幕浮現的，是在閘門另一頭的豔陽下、草皮上、課堂間、雪地裡、演奏廳中的點點滴滴。

曾經被大學排擠的火車站

事實上，劍橋火車站距離大學城有著大概一英哩的距離，如果徒步，大概也要半個小時的時間。推動了工業革命之後的英國，在1830年開始出現了蒸汽火車的汽笛聲，不過，直到1845年，第一輛火車才開到劍橋來，這是因為校方極力抵制的關係。

即便到了火車開進劍橋後，火車站與校方之間的關係在一開始也是對峙的。首先，校方堅持火車站只可以建在距離大學城遠遠的地方，更令人匪夷所思的是，大學職員還要求他們有權利隨時進入月台對疑似大學內的任何分子進行身分盤問，因為大學自己的規定是，教授和學者可以乘火車，學生卻不可以，如果有學生乘火車被抓到，學生沒事，鐵路當局反而要被校方罰款。

另外一個有趣的舊時規定是，每逢星期假日，從上午十點到下午三點之間，火車在距離火車站三英哩的地方就得停下來，讓乘客上下。有部分歷史學者認為，這些古怪的歷史點滴也可能和當時「城鎮與學袍」的對立有關係，當時得到王室與教會雙重支持的劍橋大學校方，自然可以任意處處制約火車站。不過，在劍橋，大部分學生的說法是，學校要求車站設在遠處的目的，無非就是要他們好好念書，不要整天往五光十色的倫敦跑。

穿越古今的鐵路文化

不過，即使在當年，劍橋大學對火車站展現的態度並不十分友善，車站方可是展現了相當誠意的，至少在形式上是如此。這一點，我們從1845年建站起至今未曾改變的外觀部分就不難看得出來——車站正面可以看到十五座大型拱門，與它們相間點綴的是第一輛火車開入劍橋時大學已有的十六面學院徽章，一掛就掛了一個半世紀，直至今日不曾拆下。如今，這些拱門也鑲鉗上了一片片時尚玻璃造景與其他前衛的設計，讓劍橋火車站也成了古蹟活用的典範之一。

其實，不只在劍橋，英國大部分的火車站，都遵循著維護古蹟的大原則，小心守護著歷史走過的痕跡，即便妝點上當代的時尚風貌，古今之間的

上　每每外出後乘著火車回到劍橋，都會有一種回家的感覺。不只是因為對這個大學城的情感，更是她特殊的閑靜氛圍，給了我一種如家般的安全感。照片提供／Harry Hsu

左下　劍橋火車站亦和其他車站一樣遵循維護古蹟的大原則，細細呵護歷史走過的痕跡，同時輔以現代的時尚設計，古今優雅調和，叫人心曠神怡。照片提供／Jessamine Lai

右下　劍橋火車站正面十五座大型拱門上相綴的是第一輛火車開來時已有的十六面學院徽章，一掛就掛了一個半世紀。照片提供／Jessamine Lai

調和，仍舊叫人心曠神怡。除了劍橋火車站的十五道拱門、十六面學院徽章與大片現代感十足的玻璃窗相映成趣之外，英倫火車站們的風華各異，恐怕用百花競妍都不足比擬。

比如像是位在倫敦金融中心區內的利物浦街車站（Liverpool Street Station），每早平均有七萬名上班族忙碌出入，1874年剛落成時，就被媒體評為「倫敦最優雅的車站」，雖然經歷過二戰的轟炸，但經過了多次修復，維多利亞式的瑰麗容顏仍舊優雅地穿越古今。這裡還曾經擁有英國火車站中最大的翻轉式時刻表，啪啪啪的，寫著時間和站名的牌子們不斷變換，超有氣氛，可惜在2007年已經被新的電子顯示系統取代。

再如1852興建完成的國王十字火車站（King's Cross Station），斥資5億英鎊，由著名建築師庫彼特（Lewis Cubitt）設計，被列為英國國家一級古蹟，每年運送超過5000萬名旅客，而為了因應2012年在倫敦舉辦的世界奧運，原有的維多利亞式建築更在2005年展開變身計劃，如今我們看到的白色半圓拱形玻璃屋頂，甚至還比大英博物館大廳的屋頂大上三倍，而圓頂下支撐天花板結構的「白色大樹」設計，如煙火般地向高空綻放，更是典雅又不失大氣。

同時要提到的還有與國王十字車站一街之隔的聖潘克拉斯車站（St Pancras Railway Station），中世紀哥德式建築風格美麗莊嚴，暗紅磚牆既低調又奢華，尖頂直向天穹伸去，被英國人稱為「火車站中的教堂」。這裡

左上　利物浦街車站（Liverpool Street Station）曾被媒體評為「倫敦最優雅的車站」，以維多利亞式的優雅容顏穿越古今。照片提供／Justin Chu

左下　聖潘克拉斯車站（St Pancras Railway Station），中世紀哥德式建築風格走的是暗紅低調奢華路線，被稱為「火車站中的教堂」。照片提供／Justin Chu

右下　國王十字火車站（King's Cross Station）支撐天花板結構的「白色大樹」設計，是為倫敦2012奧運而「變身」的計畫之一。照片提供／Justin Chu

同樣有著超過百年歷史，如今站內不但有最現代巨型購物商場，更是貫穿海底的高速鐵路列車——歐洲之星（Eurostar）的出發站點，直通法國和比利時。

英國確實被認為是誕生世界上第一條正式鐵路的國家，但實際上，希臘才是第一個擁有路軌運輸的國家。歷史學家相信，在二千年前的希臘已經有馬車沿著軌道行走，被認為是鐵路的前身。不過，世上最老的正式鐵路，是英國的史托頓及達靈頓鐵路（Stockton and Darlington Railway），也是世界上第一條鐵路，而全世界頭一輛蒸汽列車也是出現在她的上面，只是在一開始的時候是被用以載貨。

隨時歷史演進，慢慢地，英國的火車汽笛聲慢慢地傳過英吉利海峽（English Channel），源自英國的火車開始在歐洲大陸各地出現身影，再漸漸傳到全世界。如今，我們在歐洲各國所看到的鐵路車站，大多建於十九世紀，他們被視為城市的地標，更是國家的瑰寶，每一塊磚牆、每一扇門窗，都被小心捧在心頭上。

聊英國的鐵路文化，不得不提的還有英國文化遺產機構（English Heritage），雖然由政府出資營運，卻不屬於任何公部門，雖然執行公共事務，卻不受其他單位牽制，他們的主要任務就是專心維護文化遺產。英國文化遺產機構最密切的夥伴就是倫敦交通局（Transport for London）了，這兩者始終配合得天衣無縫，因為他們相信，古蹟與現代交通運輸結合後，出現的必定是最動人風景。因此，英國一間間古老的火車站，在他們的巧手打點下，就個個都以時尚多變的精采身段，展現叫人難以忘懷的古典風華。

享受乘車時光

除非是樂團演奏會前的幾個星期，中西兩樂部密集的團練，讓我連自己系上的課都得翹掉，在平常的時候，我每個月會跑一到兩趟的倫敦，最主要的目的是看演奏會和舞台劇，或是參加華人學生的聚會。

英國的火車售票系統相當人性化，如果能夠提早上網訂票，又不是尖峰時段，再加上學生優惠，搭乘火車真的是既便宜又高規格的享受。說享受，真的一點也不為過。火車站內超市賣的手工布丁和蔬菜餅乾，再加上月台販賣部的一杯熱奶茶，是我上火車的基本配備。火車車廂裡，你也幾乎不會看到任何人拿著手機大聲嚷嚷或三三兩兩高談闊論，如果真的有必要開口，必定是輕聲細語，因為守護車廂內的安靜是所有人的基本共識。

在英國的火車廂裡，很多人手上拿著的是書本，或在月台書報攤買的報紙、雜誌，又尤其在穿越倫敦與劍橋之間的時空當中，很多乘客都是各領域的學者，人人開著筆記電腦或Pad，沉靜在學術的世界內，窗外的風景一幕幕向後滑去，與窗內的知識、思想流轉彼此交錯著。一開始，你會以為這些專注於電腦螢幕上的學者們個個都是不容被打擾的，但當你輕聲問候向他們請教專業問題，他們又會微笑著與你談科學、話古今。不過，像我這種絕對不會把搭火車的時光「浪費」在與任何有關學業事物上的傢伙，則習慣一口口地品嚐香醇的手工布丁，陶醉在窗外的郊野風光裡，什麼事都不幹。

說到英國的鐵路風景，就不能不提到英國鐵路當局的一項不成文規定，相當貼心。當火車經過景色迷人的路段之際，速度必須降一降，好讓乘客們好好享受窗外的如畫世界。比如從牛津（Oxford）到海爾佛（Hereford），高低起伏的綠色丘陵間，散落著一間間可愛的農村小舍，牛羊低頭吃草、戶戶炊煙裊裊；再如愛丁堡（Edinburgh）往新堡（Newcastle）路程，列車疾速飛馳在山崖邊緣，窗外海天一線，海浪一波波地拍打著岸邊，頭上有老鷹在天際盤旋，腳下有水獺在水岸嬉戲，這個時候，最適合的就是在餐車內和老友一起品品威士忌了；而劍橋與倫敦之間，你更能完全浸淫在一片青翠的中世紀油畫裡，一片片交疊的綠野上，一座座或小或大的碉堡、城樓會在你眼前一一晃過，小橋流水人家，近是花園叢叢、遠是綠野片片，絕對目不暇給。

不論我走得多遠，乘著火車回到劍橋火車站，都會有一種回家的感覺。不只是因為對這個大學城的情感，更是她特殊的閑靜氛圍，給了我一種如家般的安全感。劍橋是個學術小城鎮，她的火車站也不似倫敦或其他大城市的火車站們，霸氣地雄踞在車水馬龍的交通樞紐點上。劍橋火車站，總是寧靜而從容地展現既柔和又堅韌的氣度，日復一日送往迎來，她很少人滿為患、鑼鼓喧天，也不會冷冷清清、不見人煙，她的那抹微笑，永遠都那麼恰到好處，讓你不得不看見她，也不會過份執著於她。時至今日，我仍然不時想起，每當我離開或歸來劍橋的時刻，她所給我的那抹既低調又暖心的笑靨。

左上　英國是誕生世界上第一條正式鐵路的國家，之後鐵路文化才傳到歐洲及世界各國。照片提供／Harry Hsu

左下　坐火車來往倫敦與劍橋間，一路上都是無止盡的綠，美得像油畫。照片提供／Harry Hsu

右　時至今日，我仍然不時想起，每當我離開或歸來劍橋的時刻，劍橋火車站所給我的那抹溫暖笑容。照片提供／Jessamine Lai

畢業時節

——獻給我的祖母

The Graduation - A Tribute to my Grandmother

畢業時節的五味雜陳，在劍橋大學這樣走過八百年的知識殿堂，滴點心緒更是加倍的。
照片提供／Jun-Han Su

對於每一個參加自己畢業典禮的學生來說，心情必定是五味雜陳的。喜的是經過秋冬春夏輪替的勤勉苦讀，終於拿到了得來不易的學位；愁的不只是一段美麗的學習時光宣告終結，更可能是在尚未準備好以什麼樣的姿態向如夢般的過去告別之際，就被時光巨浪推向另一段遙遠的未知。來到了劍橋大學這樣走過八百年的知識殿堂，畢業當下的點滴心緒，更是不知道被放大了多少倍。

這一天，我起了個大早，心情卻未如自己預期般的雀躍，因為，打床上一睜開眼起，我便意識到，少了她的參與，一切便說不上完整。撥了通Skype回臺灣給母親，告訴她我要畢業了，母親聽得出我語帶哽咽，便猜中我的心事，

「從你出生後，一點一點長大，一直到你離開家求學、工作，出國，她有哪個片刻不念著你？她一定會去看你的。」母親說到這裡，我的眼淚立刻又流下來了。

來不及向妳報喜

還記得，那是我赴英不過三個多月後的一個白天，秋風颯颯的黃色時節興許還說得上美麗，但午後的寒風，偶會突然從衣領、袖口竄進人的皮膚裡，那透骨的滋味不僅是皮肉上的難受，更是透心的痛，至少對當天的我是如此。

那日中午，我本在倫敦的孔雀戲院（Peacock Theatre），準備捧場友人演出的音樂劇，同行的好友是當時於牛津大學攻讀博士的精神科醫師阿瑞。猶記得，阿瑞買票去了，我的What's app通知突然響起，是弟弟從臺灣發來的，字字都像一把把鋒利的刀刃，插在我的心上。

「今天凌晨一點零五分，奶奶走了。很平靜，她掛著耳機，閉著眼，很安詳，你彈的鋼琴，一直在Repeat。」鋼琴？那不過是三天前的事情，母親打來的Skype，我正與劍橋華人交響樂團的朋友們在團練室裡玩「三國殺」。

「奶奶感冒了，沒辦法說話，她想聽你彈一首詩歌，你自己挑一首，盡快傳回來。」至今回想起來，母親當時的聲音其實有些凝重，但我卻粗心地未有察覺。

「我這兩天不太有時間，下禮拜好嗎？」我只想著趕快回到桌遊上去。

「你這孩子怎麼回事？奶奶這麼疼你，你今天怎麼了？」印象裡，這是母親少有的疾言厲色，我因此有點呆住了。

「媽媽不說了，你快點準備，檔案傳給弟弟，晚安，我先去忙。」母親切斷了線，我一時之間回不過神來。

當晚，我就挑了一首「與主接近」（*Nearer My God To Thee*），為篤信基督信仰的奶奶，以她最喜歡的D大調彈了一段原曲及一段變奏傳了回去。哪裡知道，這首詩歌傳回去三天後，我和奶奶就天人永隔了。這對我真的是莫大的打擊，因為接受化療中的奶奶，病情控制得其實不錯，我怎麼樣也想不到，飛往英倫後，我和她不只是生離，更是死別了。

看到弟弟傳來簡訊的當刻，我生平第一次嚐到腦裡一片空白的滋味，我突然忘了自己是誰，也忘了自己身在何處、正在做什麼事。孔雀戲院周圍的人聲鼎沸突然都不見了，我只記得，恢復意識後，阿瑞已經帶著兩張票回來，見我已滿臉鼻涕淚水，拿了我的手機，看到上面的簡訊文字。「你在這裡等我，不要動，不可以離開。我去退票，馬上回來。」

事實上，我當時，連走路的力氣也幾乎都沒了，怎麼可能動到哪裡去？阿瑞把票退了，已來英國多年的他帶著我一間間地逛著倫敦的教堂們，斜陽下、鐘聲裡、白鴿群中，我已哭啞了嗓子，亦尊崇基督信仰的阿瑞帶著我為奶奶一路禱告，最後在天黑之前，把我送上了回劍橋的火車。

連接倫敦與劍橋之間的每一景、每一物，對於我這個求學於劍橋，卻不時奔向倫敦的好玩學生來說，沒有不熟悉的。平時，即便是飄著雨霧、視野不佳的車窗外，我還是可以如數家珍地告訴你，這一座天橋的後面，是座二十四小時不打烊的研究中心，那一間小教堂晃過沒多久，是一片以羊居多、偶見牛的小牧場。但是，這一趟從倫敦到劍橋的返校車程，對於那夜的我來說，卻是極其陌生的。更確切地說，頓時失去她的世界，一切對我好像都沒有了意義。

我記得，那一夜的月亮非常圓，而且極其明亮，每當有教堂尖塔從車窗外晃過，不論遠近，我總覺得它們就像利刃一樣地劃過天上的明月，也劃過我的心，一刀又一刀的。我哭腫的雙眼和無力的癱坐姿勢，其實很難不引起其他人注意，鄰座一位女士便試圖問我發生了什麼事，但我實在沒有任何力氣和她多說什麼，即使我心裡仍然非常感激她溫暖的關心。事實上，如果我沒能讓奶奶在臨終前見到我是一種罪，每當尖塔在我的心頭一劃，我便有種在劇痛中贖罪般的平安感受。

「你是劍橋的學生，所以，這個世界上，沒有事情能難得倒你，知道嗎？」同樣在終點站劍橋下車的那位女士，在月台上和我微笑了一下就匆匆出站了。我並不認識她，但是她的這一番話卻頓時給了我很大的力量，因為那幾句話似乎是奶奶透過那位女士跟我說的。一想到這裡，我突然清醒了過來，發現自己走路的樣子，很容易會被認為是電影中遭病毒感染的喪屍，搞不好一出站就會被警察抓走，於是我深呼吸了幾下，確定自己看起來正常了一些後才出站。

「怎麼這麼久才出來？打你電話也沒接。」同樣與阿瑞熟識的小風學姊，接到阿瑞電話，就帶了暖烘烘的奶茶來車站接我了。我心想，自己真是好大面子，白天裡，一位在牛津攻讀的精神科醫師陪了我一天，晚上，接棒的是一位念完哈佛又來念劍橋的心理學家，我不讓自己快點恢復正常怎麼行？

「走吧。」小風是那種平常話不多、只說重點的女生，通常與她在一塊兒的時候，多是我負責說、她負責笑。秋天的晚風微微拂在我們臉上，空氣裡是熟悉的康河味道，從火車站回學校的路上，我倆一人牽著一輛腳踏車，並肩走著，「變成我要逗你笑了耶，好奇怪喔。」小風冒出這句話，我們一起笑了出來。

「想去哪裡？」小風問，「我不知道。」說實在話，這個時候，對我而言，到什麼地方似乎都是一樣的，不過，小風似乎找到了一個極佳的解決方案。

「有沒有力氣用騎的？」

「有。」

「那走。」小風已經跨上她的腳踏車。

「我們去哪裡？」我追了上去，「快跟上來！」她已經衝向前去。

騎到了創平頓街，經過了我的學院——彼德學院，再繞過市區，我大概就猜到了，小風是要帶我去她的學院——聖約翰學院，這個時候，信主虔誠的小風想必是要帶我去聽他們學院唱詩班的練唱。

我還記得，來到聖約翰學院大門前，自己的眼淚便又和雨水一樣地流下來了，因為禮拜堂那裡已經飄過來了唱詩班天籟一樣的歌聲和音樂，不是其他的，正是那首奶奶臨終前掛著的耳機裡、我彈給她聽的詩歌——《與主接近》。

典禮的前奏—學院內的彩排

回到畢業典禮的那一天，與母親在Skype上道別後，我立即把當日會來參加的親友們連絡了一輪，包括來歐洲自助旅行的家人、住在倫敦的一群死黨、臺灣學生會及中國學者聯誼會好友們，以及華人管弦樂團的夥伴，還有班上同學，一一確認好和每一個群體會面及拍照的時間和地點。電話、

左 未讓我見到最後一面的祖母，在我赴英三個月後就辭世，每每傍晚時分，散步在派克草原（Parker's Piece）上，望著彩霞滿天，我總想著天上的她。照片提供／Harry Hsu

右 聖約翰學院禮拜堂內，也是我思念祖母的地方。因為這裡，總能聽得到祖母臨終前不斷聆聽的詩歌——我彈給她聽的《與主接近》（*Nearer My God to Thee*）。照片提供／Harry Hsu

Skype、What's app、Viber、MSN、Wechat全用上，光是這件事情，就花了我足足一個多小時。不過，這些人，都是我在英倫回憶中的重要部分，最後的這一刻，不在大家的祝福中畫上句點怎麼行呢？

劍橋大學的畢業典禮，是以學院為單位進行的，畢業生並不是和自己班上的同學參加同一場典禮，而是與學院內的其他畢業生們一起完成所有儀式。從這裡，就能看出學院制在古老大學中的重要性，以我的例子來說，在商學系中主修科技政策碩士學位的三十多位同學，並不能「一起畢業」，因為大家分屬不同的學院，而與我一起領到畢業證書的，是彼德學院內的其他博士、碩士及大學部畢業生。

畢業典禮一年舉辦四場，每場至少兩天，獲畢業資格的學生甚至可以在畢業多年後再回校補參加自己的畢業典禮儀式，畢竟象徵意義更大於實質意義。也有很多人因為簽證、工作、家庭，甚至宗教等因素而不克出席，畢業證書一樣會透過最神速的國際快遞交到你的手上，即使你是某某酋長的兒子，家住亞馬遜河的深山密林中。

說到酋長的兒子，我還真認識一位這樣的傢伙，他的父親、祖父、曾祖父都是東非某部落的世襲酋長，他聲稱，自己的先祖其實就是電影裡所謂的食人族。有趣的是，他的酋長爹竟然在倫敦東郊的金絲雀碼頭（Canary Wharf）給他買了棟價值是個謎的豪宅，「我不愛住在豪宅裡面，尤其是身邊的人都是銅臭，跟我的品味不符，」他說，「所以你看我沒事還是都待在劍橋，和你們一樣，窩在這個破爛的小房間。」「那這樣，倫敦的房子不就浪費了，金絲雀碼頭耶，租出去也好啊？」我問他，「倒是沒有租出去讓人住，不過我租給年輕人開趴啦。」他說。

畢業典禮的地點，早期是在市中心的聖瑪莉教堂，後來則改在場地更大的評議廳（Senate House）。依照傳統，每一場畢業典禮，都由依據歷史定位、宗教意義、財力等最具代表性的國王學院、三一學院、聖約翰學院及彼德學院這四座學院先舉行，待這四座最具代表性的學院皆禮畢後，其餘各學院再按照成立順序，以每四座學院為一梯次完成各自的儀式。平常倒是滿以自己身為彼德學院的一分子自豪的，但到了畢業典禮這一天就稍微麻煩了一點，因為是第一梯次，不但自己得早起，還得一一為觀禮親友們morning call。

可想而知，這麼堅持傳統、八百年如一日的古老魔法學校，對於巫師養成授證的典禮儀式絕對是龜毛到極點，為了避免出亂子，讓麻瓜們看笑話，不彩排一下怎麼行？是故，把畢業生們送到評議廳之前，各學院必須先把畢業生們抓到學院內好好調教、前戲一番。

學院內的彩排，首先是衆人集合於學院方庭內，這時候可以看見披著各色披肩的畢業生們，除了研究生戴袖與大學生無袖的一貫黑色巫師袍外，披肩的顏色則是五彩繽紛，基本上，博士們的披肩是紅的，遠看像極了憤怒鳥；理科碩士的披肩是藍的，從容優雅（我披的那一件）；頗為花俏的是醫學士和獸醫學士的披肩皆為桃紫色再以白毛滾邊，相當搶眼，不過醫獸和醫人畢竟稍稍不同，所以準獸醫們的滾邊白毛相對長了一些。

畢業生們宛如各色羽毛的飛禽鳥獸們，百鳥朝鳳般的，吱吱喳喳，再加上親友們的快門和此起彼落的自拍神器，簡直要把學院建築的屋頂都炸開。事實上，這應該是各學院一年內最熱鬧的一天了，因為平時的學院方庭，幾乎是被歷史封存起來的地方，有時就連其他學院的學生都不能進入，更不用說親友了。

一一唱名後，就是隊形排練，依照博士、碩士、學士的先後順序，每列四人排好，同等學位者，由姓氏字母來排序，一點都不得馬虎。接著出現的是在正式畢業典禮中扮演重要角色的「典儀發言人」，英文字是Praelector，恐怕是全世界最龜毛機車的劍橋、牛津兩所大學專屬用字，專指在畢業典禮這天，把學生一一介紹給學位頒贈人的老傢伙，多由學院內的資深教授擔任，大概就是霍格華茲中的石內卜（Severus Snape）這樣的角色，而學位頒贈人則是由在評議廳內可以見到的大學校長、副校長，或大學內更德高望重的教授擔任。

石內卜和大家清晰講解正式儀式的行程後，在離開學院、前往評議廳之前，每一位學生都要完成學院內的小小儀式——簡單說，就是一一進入院長室和院長拜別。每座學院每屆畢業生人數不同，其他學院狀況如何我不確定，但彼德學院因為學生人數相對少，因此每位畢業生們都有個別和院長說掰掰的機會。

「Hi，主播哈利。」

我相信，他是看著手上的名單，才想起我的名字，不過能夠讓他知道我這個人的存在，其實已經讓人感到相當受總若驚了，大概是我在校內主持過不少華人活動的關係，他知道學院內有一個在商學系攻讀、亞洲來的主播小朋友。

「院長早。」說實在話，這是我第二次看見他本人，第一次則是在學院的入學典禮時。聽說他平時不住在劍橋，更不住在倫敦，而是住在康沃爾（Cornwall）的私人果園裡。

「門口的老傢伙常說起你啊，看來你是個有意思的小子，你不是嗎？」呃，這哪招啊？應該是海格說我壞話無誤。閒聊一番後，仍要把例行儀式完成，院長念了一串嘰哩咕嚕的拉丁文，接著我也照他給我的稿子念了一串嘰哩咕嚕的拉丁文，大體分別是，以天主、神子和聖靈的名義，我祝福這個孩子前程似錦，以及以天主、神子和聖靈的名義，拜託請讓本人前程似錦這樣的概念。

左上　劍橋大學畢業典禮地點，早期是在聖瑪莉教堂（右）舉行，後來則改在場地更大的評議廳（左）（Senate House）。照片提供／許瓏瑩

左下　把畢業生們送到評議廳之前，各學院會先在院內彩排，以免學生在繁雜的禮儀中出錯。照片提供／許瓏瑩

右上　學生們一一會見院長後，學生重新在方庭內排好隊型，由院內資深教授擔綱的典儀發言人（Praelector）領頭，準備前往評議廳進行正式儀式。照片提供／許瓏瑩

右下　以學院為單位，往評議廳參加正式儀式的隊伍，會刻意在校園部分角落及市區繞了一番，為的是讓學生回味他們曾經在這裡踏過的點滴足跡。照片提供／許瓏瑩

評議廳內的正式魔法師授證

巫師們在各自學院內拜別鄧不利多後，現在就要由學院典儀發言人，也就是石內卜帶領，前往評議廳，參加正式畢業典禮，由終極Boss——鄧不利多中的大鄧不利多手中接下畢業證書了。

鐘聲一響，由身穿豔紅大肩掛還向外撒出長穗的石內卜領頭，披著各色肩掛的巫師們按照四人一列的隊伍跟在後頭，離開學院大門，往評議廳走去。隊伍會刻意在校園部分角落及市區繞了一番，為的是讓學生回味他們曾經在這裡踏過的點滴足跡。

這一天的劍橋鑼鼓喧騰，因為這些主角們的親朋好友們都從世界各地飛來，緊跟著隊伍兩旁，不斷地對著隊伍裡的天之驕子們拍照，一路上更是有許許多多觀光客們，慕名而來參加這場八百年古老名校的盛會，因為劍橋大學的畢業典禮，長年來，竟也成了劍橋地區的著名「景點」之一。

這一路上，我確實是感到五味雜陳、悲喜交織。我聽到了一位操著蘇格蘭口音的老太太宏亮的吼聲：「小班！」然後我後排的一個男孩子尖叫了一聲，對著老太太送了一個飛吻，接著老太太對旁邊的一個婦人說：「紅頭髮、戴眼鏡那個，那是我孫子、那是我孫子！」剎那間，我的眼睛又濕了。我仰頭望著和豔陽下的大海一樣碧藍的天空，白雲片片飄過去，心裡想：「妳是不是也坐在那片雲的上面，告訴身旁的老朋友、新朋友們，底下那個個頭不高、黑色短髮的孩子是你的孫子呢？」

劍橋大學的評議廳是一棟擁有新古典主義風格外觀的白色建築，恢弘的氣勢十分搶眼，一年四季都關著大門，只在舉行畢業典禮時開啓使用，而每位畢業生更只能邀請二位親友入內觀禮，白色大牆內外，都有著無法言喻的莊嚴及神祕感。隊伍到達評議廳大門前，綠色草皮上的親友一同歡呼一擁而上，許多人的眼眶都在這個時候立刻決堤了。

好友們一一過來和我擁抱，我一面用眼角餘光掃著草皮上的每個角落，大門邊、雕像旁、柵欄畔、古木下，就怕錯過她哪怕是緊緊出現兩、三秒的笑靨，當然，我什麼都沒有看到。鐘聲響起，大門打開，終於到了主角們進場的時刻，我隨著隊伍慢步進場，心裡突然感受到了一股暖意，「應該是奶奶到了，她就在我旁邊。」我這樣告訴自己。

加上我在內的彼德學院畢業生們，與國王學院、三一學院及聖約翰學院的畢業生們，固定被安排在第一場，人人臉上多少都有些驕矜神態，但彼德學院的畢業生，在得意中似還多了一股風雅，因為被定位為最具影響力的首四學院，其他三座學院在歷史因素中或者因為累積龐大財富、或者因為得到王室撐腰，或其他宗教與政治攪和在一起的多元複合因素，但獨獨彼德學院憑藉著是它身為劍橋大學創始學院的古老身分，走過八百年歷史風霜，自然有一股不與人爭的高雅與泰然自若。

四座學院的畢業生，列隊站好，場內嚴禁攝影，只聽得鐘聲響起，身著一身大紅袍的校長或副校長大大，手持著白金漢宮爵贈與的銀色儀仗，在多位資深學者、禮儀官們的簇擁下，緩步現身會場，氣勢比霍格華茲的鄧不利多校長大多了。這位劍橋的鄧不利多在一張如王座般的大椅坐下，左右後方各站了一位執事官，類似於媽祖及千里眼、順風耳相對位置的概念，不過，巫師頭子身後還坐著一位前方擺著蘋果電腦的書記員。

現場鴉雀無聲，觀衆間沒有閒雜人等，因為一位學生只能邀兩位親屬入內觀禮，進來的自然不是血親就是至親，只有禮儀官彷彿穿越歷史般的純正英式英語腔調一一唱名，畢業生們在各學院裡典儀長的「帶領」下，來到巫師頭子座前。典禮開始後，就是一路陪著學生來的石內卜（各學院典儀長）、鄧不利多（校長或副校長），以及畢業生三方之間的重頭戲了。

石內卜必須一一唱名，將他旗下的這些孩子們介紹給前方的巫師頭子，每位博士生都必須和石內卜十指相扣，得享一次只介紹他一位的權力；碩士生則一次二位，分別握住石內卜的二根手指頭；大學畢業生則比較簡化處理，一次四個，分別握住石內卜的一根手指頭，畫面有點搞笑，而且石內卜一整天下來，說不定指頭會脫臼。有趣的是，各學院的石內卜會刻意用極具風格的口音、形式介紹畢業生，有的莊嚴正式，有的像是在唱歌，有的活潑饒富趣味，每人特色不同，也成為儀式中一場場引人入勝的表演。

雖然碩士生是一次介紹兩位，但上前接受鄧不利多校長加持，仍然是獨個的。終於輪到我了，「哈利許先生，臺灣人，來自彼德學院，修得商學系、科技政策碩士學位。」我緩步向前，單腳屈膝，跪在巫師頭子座前的鵝毛毯子上，雙手交握，他則用那雙爬滿歲月痕跡的、老巫師特有的雙掌，把我的雙手包在中間，開始念咒。

是的，又是拉丁文，這一串，應該是整天下來的拉丁文中最關鍵的一段，也必須經過這段被施咒的過程，才真的算是從劍橋大學畢業，咒語內容大概就是他被上帝授予權力，以天主、神子和聖靈的名義，授給眼前這個孩子學位等云云。

事實上，我還聞到了薄荷糖的味道從他的嘴裡飄出來，看來這位白髮蒼蒼的巫師老大確實是位深思熟慮的老人家，算準了自己在念咒念到天荒地老的畢業時節，必會在口乾舌燥的情況下出現口臭的情形，因此不是嘴裡隨時都含著薄荷糖，就是在短暫間歇休息時含一含薄荷糖，超級貼心，就怕口臭醺著畢業生們，帶著巫師頭子有口臭的最後一個劍橋印象離開學校。

想一想，劍橋大學確實不好念，校長或副校長可更不易當啊！至於領著學生到巫師頭頭跟前的各學院石內卜們，把學生領來這兒後，其實更無法閒下來，他們還有一項重要任務──留意學生們的巫師袍，如果學生跪下時，巫師袍碰到了皮鞋，他們的義務還包括替學生把袍子下襬移開，而當這些年輕巫師們被校長施畢咒語要站起之際，典儀長又得留心他們是否會被自己的巫師袍絆倒，必要時又得幫他們整理下擺一次。

薄荷糖隨想歸薄荷糖隨想，事實上，當我低著頭、閉著眼，感受著巫師頭頭將我合十的雙手暖暖裹在他的雙掌間時，迷濛中，我依稀感覺到是奶奶的雙手，將我牢牢地握在她的守護裡。老巫師的聲音停了，我也感覺到彼德學院的石內卜上前來將我的學袍下襬撩起，該是我睜開眼站起來的時候了。但我實在不想把眼睛打開，因為一但看到眼前的老者，奶奶就要離開我了。

果然，張開眼睛，眼前的是鄧不利多的微笑，不是奶奶。我向鄧不利多、石內卜，及其他禮儀官們鞠躬後，慢慢轉過身，心裡想，她會不會出現在觀眾席裡呢？我一步步地在滿座畢業生親友的注目下，往大門口走去，那條紅毯子不過數十呎，但走起來，就像我與她曾經相處過的歲月那樣漫長，我拖著步伐、環顧四周觀眾席，怎麼樣都找不到她。

後方遠遠傳來鄧不利多對下一位畢業生施咒的聲音，我也已經走到了大門邊，接過了典禮行政人員遞上我的畢業證書，我擦乾眼淚，走向大門外。

溫煦的陽光下，親友們再次一擁而上和我擁抱。但我心裡還在想著，她到底有沒有來？這幾天，我有沒有機會看見她？她怎麼可能不知道，她若不來，我會生氣、難過？既然她知道，又怎麼會不來？

她真的有來

畢業典禮後的日子，從劍橋到倫敦，我的生活便是一場接著一場的惜別慶祝會，在劍橋，有臺灣學生會辦的、有兄弟幫哥兒們辦的、有華人管弦樂團辦的，在倫敦，更有一群群的好友為我安排各式各樣的飯局、派對。

我把部分教科書、講義捐到二手書店去，部分傳承給系上學弟妹，一身輕的感覺實在快活無比，而在沒有派對的時間裡，我更是背著背包，善用火車的方便性及廉價航空到極致，穿梭在歐洲各大城小鎮之間訪友，更與幾位要好的音樂家友人，展開了一趟包括德國、奧地利、匈牙利、捷克等國家的「音樂之旅」，一路拜訪古代音樂家故居、借宿現代音樂家朋友的家、聽音樂會，還觀看了柏林愛樂交響樂團及維也納幾所知名音樂學府樂團的排練，甚至還租了便宜的琴，幾個人就在薩爾斯堡的大街上、地鐵站裡體驗了街頭賣藝的滋味。我玩得很開心，也玩得很知性，行萬里路的同時，也交了不少有趣、優秀的新朋友。但每個夜晚，心裡仍然覺得有一個缺憾在隱隱作痛，因為可以聽我分享這些喜樂的那個人已經不在電話的那一頭了。

那一段時間，要在劍橋找到我，還真的不是容易的事情，因為我的足跡到處流浪，玩到瘋掉，不知海角天涯，更不知歲月為何物。當然，我依然還是個會和母親報告行蹤的乖兒子，但頂多講個大概，比如這三天在義大利，下禮拜回英國，但待在哪個城市不確定，可能再去一趟蘇格蘭，再過一週去葡萄牙之類的。直到有一天，Skype一接通，母親倒直接劈頭就問：「你在倫敦對不對？」我心裡一驚。

事實上，就在前一個晚上，我才從布魯塞爾飛回倫敦，晚上因為趕不及回劍橋，就直接住在城中朋友家裡。夜裡，我在夢境中回到了小時候住的眷村，窗外的玉蘭花香，乘著向晚斜陽悄悄地潛進奶奶的小房間裡。床頭櫃上，除了全家人的照片、聖經、詩歌，還擺著我在劍橋指揮華人交響樂團、被幾家國際媒體報導的剪報。

上　就算已經揭下佛地魔的面具，哈利波特還是要經過鄧不利多的祝福儀式，才算真正畢業。照片提供／Harry Hsu

左下　評議廳外的草坪上站滿了畢業生和家人們，吱吱喳喳好不熱鬧，我總感覺奶奶一直在我身旁。照片提供／Harry Hsu

右中　劍橋大學畢業典禮一年舉辦多次，一次兩天多場，四座最具代表性的學院彼德學院、國王學院、三一學院及聖約翰學院的畢業生們固定被安排在第一場。照片提供／許瓏瑩

右下　獲悉祖母過世當天，我在倫敦街頭晃蕩，曾路過愛爾蘭詩人維爾德（Oscar Wilde）名句石碑旁，至此後，該詩句亦成為我思念祖母時的慰藉：我們都身處溝渠中，但仍有人正抬頭仰望星空。照片提供／Harry Hsu

在那個時空裡，祖母似是剛離開沒多久，爬著一隻隻小狗熊的被單上似乎還有她留下的餘溫，看得叫人心裡暖烘烘的。父親不發一語地在榻旁跪著，仔細整理祖母的遺物，我則在一旁靜靜讀著一封封祖父早年在遠方從事情報工作、寄回來傳情與報平安的信件。當然，寄信處無所知，收件處也不是這個每到秋天就飄散著桂花香的小眷村，但自從祖父辭世後，是它們陪伴了祖母將近二十年的日子。

除濕機旁的電話線已經切斷。但頓時，我突然感到，祖母就在電話的那端。我不自覺地想伸過手去拿起聽筒，祖母的聲音竟先傳了出來，像擴音一樣，卻又比擴音清晰，沒有一絲雜訊。

「哈利！哈利！」祖母的嗓音中氣十足，往生前的病氣全不見了。

「奶奶！」我哭了出來，「奶奶！你好不好？奶奶！」

「好！很好！很好！」不但活力充沛，她的聲音甚至還年輕了更多。

似乎就是科幻小說中描述的，當高等智慧生物想和人類溝通時，會有股意念直接傳達到接受訊息者的意識裡，我一樣清晰感受到來自奶奶的強大意念，告訴我她在另一個世界過得很喜樂。意念與她的聲音是同時傳進我的耳中或心裡的，而她的嗓音，依舊是字正腔圓的京片子，霸氣、堅毅，更帶著柔和慈愛。一直默默整理祖母遺物的父親，不知道什麼時候已經不見了。在這個時空裡，父親是配角，我連他的臉孔都沒有瞧見。

「哈利啊，」祖母繼續跟我說話，「奶奶告訴你，你呀，你得……」祖母的聲音越來越小，她接下來說了很多話，我不記得詳細了。但可以清晰感受到的是，祖母被喜悅與愛滿滿地包圍。當我睜開眼睛，看到窗外的天空露出魚肚白時，祖母的聲音似乎猶在耳際。信手一摸，我發現從自己的臉，到枕頭都溼了一大片，而心裡則是異常地溫暖，更精確地說，彷彿有團舒適的火焰燃燒著。

回到那通和母親的Skype，一接通，我都還沒自曝行蹤，母親劈頭就問：「你在倫敦對不對？」我心裡一震，「哇，你怎麼知道，我昨晚夢遊打給你自曝的嗎？」事實上，母親禮佛多年，禪定功夫了得，母子連心，我相信自己如果幹了什麼壞事，或許她入定一番，什麼也逃不過她的法眼，我心想，大約就是如此吧！

「不是你自曝。你猜猜？」母親笑說。

「你打坐時感應到了什麼嗎？還是誰看到我臉書後跟你打小報告？怪了，我又沒打卡，呵呵。」

「是一個非常愛你的人告訴我的喔，我昨晚夢見她了，」媽說，「她說，她昨晚去『倫敦』看你了，看到你畢業了，玩得這麼開心，她也相當欣慰。」

母親說到這裡，我的眼淚又像落雨一樣地掉下來了，已經忘了是什麼時候停的。

劍橋的安靜，甚至會讓你覺得就連雪人都有思考的能力。我常常坐在雪人面前想著，他們應該會把我對祖母的思念帶給天上的她吧？照片提供／Thomas Ng

第七章
驀然回首

Chapter 7
Revisiting the Days

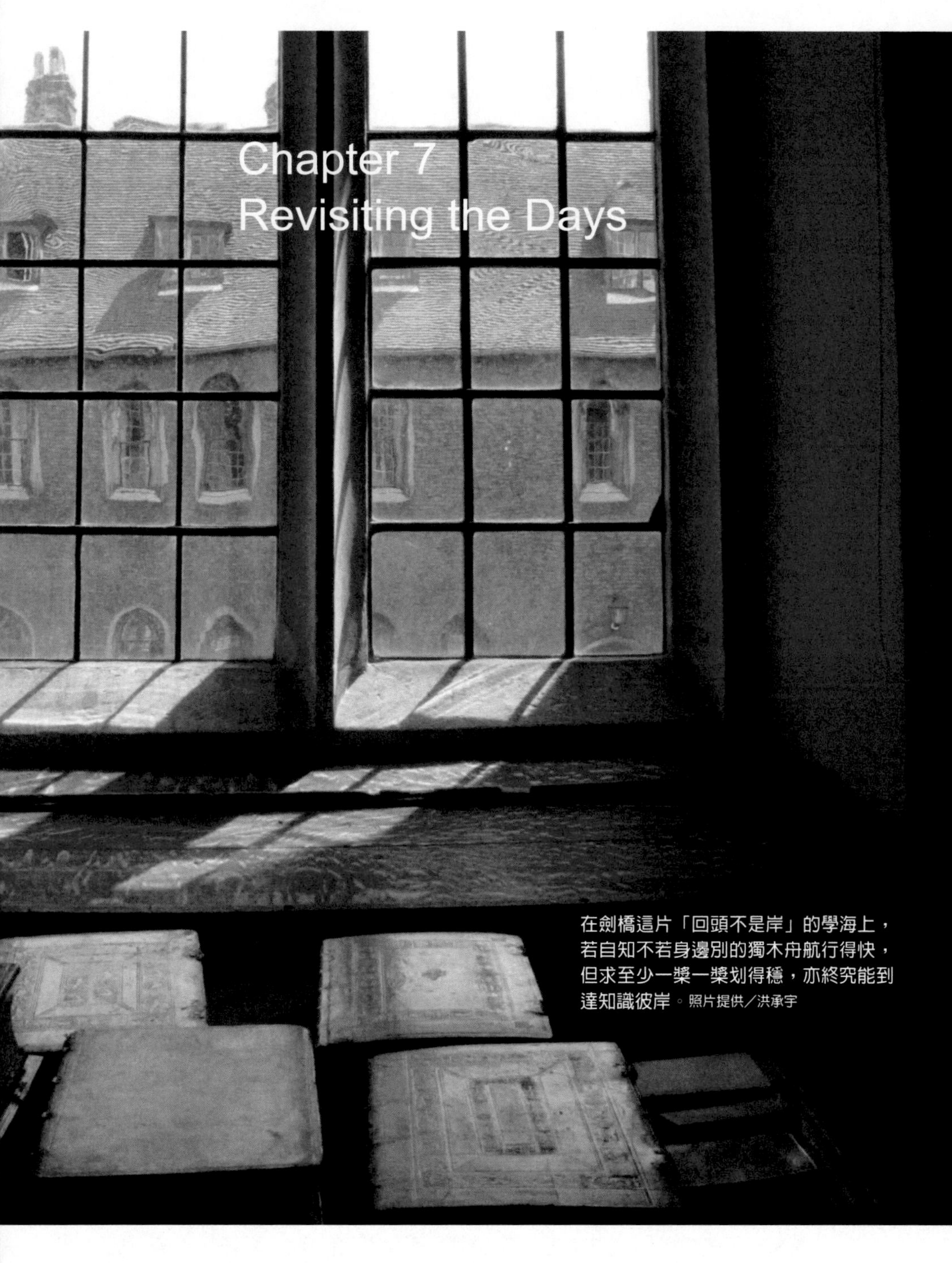

在劍橋這片「回頭不是岸」的學海上，若自知不若身邊別的獨木舟航行得快，但求至少一槳一槳划得穩，亦終究能到達知識彼岸。照片提供／洪承宇

鐘聲與省思
Bells and Thoughts

每當斜陽暮色把學子們的影子一道道拉得長長的，各學院禮拜堂的鐘聲一齊響起，無論手邊正在進行什麼重要的工作，我總要暫停半晌，閉上眼，去細細感受那些來自三十一座不同學院的音頻，在微妙的競合平衡關係中，是如何流竄在這方蜿蜒於八百年歷史長廊的大學城裡，如何哀悼過不知多少政治烽火下的層層灰燼、宗教論爭裡的幕幕輓歌，更如何歌頌過文化演進裡的無數動人當下，以及推動過科學發展的每個關鍵腳步。

我的同學與校友們，多的是來自哈佛、牛津、麻省理工學院等其他名校過來的天才學生，但是再優秀的傢伙，一來到這裡，很少有人不會感受到在知識宇宙裡自己的卑微與渺小，因此，除了成長的契機是必然的之外，我想，更可貴的部分是，在禮拜堂們那一聲聲敲在心頭的鐘響下，心靜了，與自己對話的時空也就更顯而易見。

對我而言，鐘響的片刻，最好的沉思地點便是那座我在本書第一章提過的、藏身佛地魔的水閘。我始終覺得她像是康河的心臟，每下跳動的頻率瞬間，都貫穿著八百年歷史所有光明與黑暗的片刻，更刺激著新時代劍橋大學城的產學多元發展，讓流動中的劍橋，仍時時釋放著恆穩的沉靜，也讓安謐的劍橋，更源源不斷地展現著推動世界的活力。

古羅馬哲學家皇帝奧理略（Marcus Aurelius）在《沉思錄》中曾說：「對一個人來說，他本身就是真正適合自己的安寧休憩地，沒有人會被其他人干擾阻礙，一切都取決於你的觀點。」我真的覺得這句話說得對極了，尤其在劍橋獨特的寧靜氛圍裡，你很難不在不斷自我探索、嘗試實踐的過程中，去沉思自己的定位、摸索成長的契機。

這裡所謂的定位，範圍精細、明確點，可以是和學術、職涯、人際、信仰等生活裡的各種大小環節有關的，若範疇再擴大，更可以是面對生命課題裡的定位。而在追尋定位的過程中，平常不習慣自我發問的人，恐怕也不得不卸下對自己的心防，抽絲剝繭地點滴自剖。有趣的是，很多人都是在離開劍橋許久後才看見了自己要的答案。

我在離開劍橋後的頭兩年，時常後悔自己在劍橋求學期間，花了大部分的時間在玩樂上，包括玩樂團、各式各樣的社交活動，以及大大小小的旅行等，該上的課翹了不少、許多難能可貴的大師級人物演講更是常常報了名卻不去。

不過，隨著時間拉得更長，我又有了不同的體會。事實上，我沒有一寸光陰是虛度的，因為，即便是在交響樂團一場週末夜晚的普通例行團練中，看著一群非音樂科班、來自不同科系、講著不同母語、擅長不同樂器的劍橋人，怎麼化解歧見，完成合奏的最終目的，都是難能可貴的光陰流轉。

每當各學院禮拜堂的鐘聲一齊響起，我總喜歡暫停手邊工作，去細細感受不同學院的音頻，在微妙的競合平衡關係中，是如何流竄在這座蜿蜒於八百年歷史長廊的大學城裡。照片提供／Michael Tyrimos

揭下佛地魔的面具
Behind Voldemort

那一夜，是我最後一次拜訪佛地魔。

說實話，在劍橋求學期間，沒有人比他與我更親近了。

和每次拜訪他時一樣，我來到彼德學院左方那個小十字路口，就聽見了他的聲聲呼喚，「哈利……哈利……」隨著遠方的淙淙流水聲，他的叫喚飄進我的耳裡後，又一遍遍在我心裡迴響起。

我來到水閘旁，在石橋畔的河邊草皮上坐下，凝視著波光粼粼的水面。這個時候約莫是凌晨一點多，身後的大學活動中心只剩下守衛室的小亮燈，與河邊成排的宮燈一起倒映在水裡，一條條金黃色的波紋晃動，讓河面下的劍橋，比河面上的劍橋，讓人更想一探究竟。

八百年過去了，康河渠道或許多次變換過流向，但康河水卻不曾乾涸過，那麼，那些飄散在歷史長廊裡的哲人智慧，點點滴滴是否都沉澱在河底了？我是不大喝酒的，更從來不會讓自己喝醉，否則我還可能真的會效法李白，在此刻舉杯敬一敬劍橋之月後，管他對影多少人，乾脆一躍而入，為的是一探這水面下的劍橋，不知是否比水面上的劍橋蘊藏著更多哲人探索真理的痕跡？

「哈利……」他，那位自我踏上劍橋第一天，便住進我心裡的佛地魔，究竟是何許人也？我循著他的呼喚，來到水閘畔，但我此刻已經深信，他不住在水裡、不在橋墩下，更不是藏身於光暈中、柳蔭間，「哈利……」因為，他的聲音，此時卻是直接從我心裡響起。這是我在劍橋與他相會於水閘畔的最後一次，也是他的聲音最清晰的一次。

「佛地魔，快快現身，佛地魔，快快現身。」

「…………」

「佛地魔，你有何遺言？喔，我是說，我要走了，你有什麼話要送給我？」我問他。

「不要再叫我佛地魔了，你這個幼稚鬼，」他回應，「你明明就已經知道我是誰了。」

「好啦，」我當然知道他是誰了，「你總要送我個什麼離別禮物之類的吧？」

「這把金斧頭是你的嗎？如果不是，我去拿銀斧頭，拿來再問是不是你的。」

「誰是幼稚鬼？我現在很嚴肅耶，你正經一點可以嗎？」

「好啦，呵呵，事實上，」他說，「我要送給你的所有禮物，已經全部放進你心裡面了。」

「我不要聽這種無聊的話啦。」

「是真的，哈利，」他說，「你要相信我說的，這些禮物，每一樣都無比珍貴，而且，它們會一直陪著你，直到有一天你離開了這個世界，或許他們也會繼續陪著你的子孫，以及其他受你影響的人。」

「好吧。」我對他講的話，在似懂非懂之間，依稀看到了那麼些微微的光點，「你會一直住在這裡嗎？我可沒有那麼多鈔票能沒事就飛回劍橋來找你。」

「呵呵，哈利，笨蛋！」他大笑，「如果到現在，你還認為只有到這裡才能找得到我的話，你就白來念這所學校了。」

「也是，哈哈！」我也跟著笑了起來，「那麼，我走啦！」

「…………」他沒有再回應了。

直到我慢慢踱步離開水邊，來到那個小十字路口，遠遠的水閘聲裡才彷彿傳來他的道別聲，「哈利，」

「嗯？」

「哈利，記得我們今天的對話喔！」

「好！」

那一個晚上，我睡得格外安穩，不只是因為我終於確確切切地證實了這位「佛地魔」的身實身分，更是因為我已經開始慢慢感受到，這位始終關心

來到劍橋的初夜，我就在大學活動中心前的水閘畔邂逅了此生最特別的一位朋友——佛地魔，此後，他就一直跟在我的身旁不再離去。照片提供／Harry Hsu

我的知己朋友送我的禮物，已經暖暖地開始在我心裡一點一滴發酵。

離開劍橋的那一天，我拖著行李，來到守衛室，和海格告別。

「哈哈哈！小哈利，現在看起來一臉狡獪，不像剛來的時候，一臉等著被人賣掉的樣子，哈哈哈！難道沒有嗎？」海格不放過任何調侃我的機會。

「只有你才會想把學生賣掉，不是嗎？」

「這麼多學生，也只有你會被我賣掉，不對嗎？」

「死海格，我告訴你，佛地魔現在是我的好朋友了，當心我離開劍橋後，他替我找你算帳。」

「呵呵，你確定你要把他留在劍橋嗎？」海格實在是一個太奸詐的老頭。

說實在話，我當然不會把這位邂逅於劍橋的「知己朋友」留在劍橋，這位朋友帶給我的意義，其實遠大於我所拿到的學位，我當然要把他一起帶走。

「好了，海格，我要去趕火車了。」

「我不會死那麼快，隨時回來找我啊！」

「即使你死了，我也會來獻花的，難道我不會嗎？」

「死小鬼，快去水閘那裡催你的佛地魔兄弟，你們快趕不上火車了。」

「不用了啦，他已經跟著我了，難道他沒有嗎？」

海格看了看我手指向的牆上大面鏡子，裡面有一個和我長得一模一樣的人正衝著他笑。

「好了，『我們』走囉！」我走到門邊，向海格揮揮手。

「耶誕節寄一張明信片來，讓我們知道你混到哪裡了。」海格提高八度嗓音，對已經走出門外的我喊著。

我回過頭去，遠遠看到牆上鏡子裡的海格正在對我揮手，那是屬於海格的佛地魔，恐怕已經住在他的心裡將近六十個年頭。至於這位我在劍橋邂逅的佛地魔呢？我相信他自我來到這個世界上後，就沒有離開過我，只是二十多個年歲下來，我始終沒有在沉靜中發現他的身影，直到我來到劍橋大學後，在那個獨特氛圍的水閘畔才發現了他的存在，然後在一次次的對話中，開始漸漸拼湊出他的輪廓，繼而在不斷經歷沮喪、挫折和孤獨的過程中，一點一滴找到他所帶給我的力量。

眾裡尋他千百度
Searching for His Elusive Self

上　只要有心，處處可見佛地魔的影子，這是我歷經劍橋秋冬春夏更替後的心得。照片提供／Harry Hsu

下　劍橋大學擁有數百座大小圖書館，其中總圖書館是全英國最大的圖書館，也是世界藏書量最多的圖書館之一。照片提供／洪承宇

最後，許多華人學生會以王國維在《人間詞話》針對做學問提到的「三大境界」來描述在劍橋求學的心境變化，或許八股了點，但是套用之，卻發現實在精妙無比。既然都已經看到最後一章，就請大家忍一忍，聽我再囉嗦一下吧。

王國維提到的頭一個境界，是「昨天西風凋碧樹，獨上高樓，望斷天涯路」，取自北宋詞人晏殊所填的《蝶戀花》，原意大致是西風蕭颯凜冽，讓原本蒼翠的綠樹凋零了許多，主人翁獨自登高遠眺，看啊看的，把通往天涯的道路都看盡了。好一片蒼涼的無力感。

事實上，劍橋大學的自由學風，確實讓不少習慣填鴨式教育的亞洲學生在一開始踏入這所大學城時倍感挑戰，尤其是夾雜在各國菁英中的菁英中，漂浪在無邊無涯的學海裡，茫然與無力感的過程都是可能發生的。許多國際媒體常形容劍橋大學與牛津大學的學生是站在巨人的肩膀上，不過，在這樣的情境下登高望遠，再加上峰頂上椎心刺骨的西風陣陣，恐怕更多的是另一種高處不勝寒的孤單與寂寞。是故，不論在浩瀚的學海中，或者知識的峰頂上，在孤寂中學會與自己相處，確實都是許多留學生畢生難以忘懷的心境體驗。我算得上是耐得住寂寞的傢伙，但是，在劍橋，多少還是經歷過那種一個人在寒風刺骨的冬夜發著燒、全身無力，又必須把桌上一本本艱澀難懂的書本全部啃光的難忘記憶，想起那時候的心情，真的是把無助這個詞寫上一千次都還不足以形容。

同樣來自北宋，柳永在《鳳棲梧》中深情描述的「衣帶漸寬終不悔，為伊消得人憔悴」，成為兩句千古名言，原詞表現作者對愛的執著、艱辛及無悔，王國維則認為，把「伊」字理解為所追求的理想和畢生從事的事業，亦無不可，這是做學問的第二境界。

用這樣的決心在劍橋大學這所八百年學府求學，也必定是無誤的，因為在這片「回頭不是岸」的學海上，身邊的每一條獨木舟都航行得太快，如果你頭腦不比別人好，但求至少能夠划得穩，因為，只要船不沉，朝向星光的方向一槳一槳划，終有一天還是能夠達到個人所追求的彼岸。

不過，對我而言，王氏第二境界興許更適用於我在劍橋的音樂生活上。陰錯陽差的，我同時擔任了大學內華人交響樂團的中、西樂部指揮工作，多次的校內外公演、巡迴等事務，忙起來的時候，披星戴月、廢寢忘食，寢室地板上鋪滿了樂譜，甚至讓新搬來的樓友一度誤會我是音樂系的學生，自己系上的課更是翹了一堆。雖然不見得是體制內會被接受的榜樣，但一樣也一種終不悔的境界吧！

最後，「衆裡尋他千百度，驀然回首，那人卻在燈火闌珊處」，那人，亦可以是那事、那物，更可以是對理想的追尋、對生命的探究，南宋辛棄疾《青玉案》詞中的這幾句經典，被王國維比擬為作學的最高境界，實在是當之無愧的。

從一頭栽入知識宇宙、登高望盡天涯路的無力與茫然，到經過調適之後，找到了給自己力量的方式，接著如飛蛾撲火般地，彷佛把自己賣給了這條求知上的漫漫長路，勇往直前、無怨無悔，最後在不斷的反覆自我發問、對話、批判、論證以及實踐之後，竟然漸漸融會貫通、左右逢源，許多柳暗花明、豁然開朗的驚喜開始接二連三地會在不經意時出現。

說實話，我並不是在求學上多用功的學生，對我而言，那個出現在燈火闌珊處的意外驚喜，難道不是最終摘下了那位陪我度過劍橋歲月的佛地魔臉上面具的當刻嗎？我在本書第一章就提到了自己踏上劍橋土壤頭一夜就邂逅他的故事，接下來在劍橋琅琅讀書或恣意玩樂的日子，他始終像位守護神一樣的角色，聽我傾訴、為我盞燈。

其實，面具後的面容再熟悉不過了，還會有誰呢？

我在劍橋揭下了佛地魔的面具，面具後的那張面孔，其實並不陌生。照片提供／Harry Hsu

釀旅人27　PE0117

那一年，我在劍橋揭下佛地魔的面具

作　　者　許　復
責任編輯　洪仕翰
圖文排版　周政緯
封面設計　王嵩賀

出版策劃　釀出版
製作發行　秀威資訊科技股份有限公司
114 台北市內湖區瑞光路76巷65號1樓
電話：+886-2-2796-3638　傳真：+886-2-2796-1377
服務信箱：service@showwe.com.tw
http://www.showwe.com.tw
郵政劃撥　19563868　戶名：秀威資訊科技股份有限公司
展售門市　國家書店【松江門市】
104 台北市中山區松江路209號1樓
電話：+886-2-2518-0207　傳真：+886-2-2518-0778
網路訂購　秀威網路書店：http://www.bodbooks.com.tw
國家網路書店：http://www.govbooks.com.tw
法律顧問　毛國樑　律師
總 經 銷　聯合發行股份有限公司
231新北市新店區寶橋路235巷6弄6號4F
電話：+886-2-2917-8022　傳真：+886-2-2915-6275

出版日期　2016年10月　BOD一版
定　　價　450元

Printed in Taiwan

國家圖書館出版品預行編目

那一年,我在劍橋揭下佛地魔的面具 / 許復著. --
一版. -- 臺北市 : 釀出版, 2016.10
面 ; 公分. -- (釀旅人 ; 27)
BOD版
ISBN 978-986-445-140-1(平裝)

1. 旅遊文學 2. 英國倫敦

741.719 105013815

讀者回函卡

感謝您購買本書，為提升服務品質，請填妥以下資料，將讀者回函卡直接寄回或傳真本公司，收到您的寶貴意見後，我們會收藏記錄及檢討，謝謝！如您需要了解本公司最新出版書目、購書優惠或企劃活動，歡迎您上網查詢或下載相關資料：http:// www.showwe.com.tw

您購買的書名：________________________________

出生日期：________年________月________日

學歷：□高中（含）以下　□大專　□研究所（含）以上

職業：□製造業　□金融業　□資訊業　□軍警　□傳播業　□自由業

□服務業　□公務員　□教職　□學生　□家管　□其它_____

購書地點：□網路書店　□實體書店　□書展　□郵購　□贈閱　□其他

您從何得知本書的消息？

□網路書店　□實體書店　□網路搜尋　□電子報　□書訊　□雜誌

□傳播媒體　□親友推薦　□網站推薦　□部落格　□其他__________

您對本書的評價：（請填代號　1.非常滿意　2.滿意　3.尚可　4.再改進）

封面設計____　版面編排____　內容____　文／譯筆____　價格____

讀完書後您覺得：

□很有收穫　□有收穫　□收穫不多　□沒收穫

對我們的建議：________________________________

____

____

____

請貼
郵票

11466
台北市內湖區瑞光路 76 巷 65 號 1 樓
秀威資訊科技股份有限公司 收
BOD 數位出版事業部

（請沿線對折寄回，謝謝！）

姓　　名：＿＿＿＿＿＿＿＿　年齡：＿＿＿＿　性別：□女　□男

郵遞區號：□□□□□

地　　址：＿＿＿＿＿＿＿＿＿＿＿＿＿＿＿＿＿＿＿＿

聯絡電話：(日)＿＿＿＿＿＿＿＿＿＿　(夜)＿＿＿＿＿＿＿＿＿＿

E-mail：＿＿＿＿＿＿＿＿＿＿＿＿＿＿＿＿＿＿＿＿